十二五高等院校应用型特色规划教材

L
AODONG DINGE DINGYUAN SHIWU

劳动定额定员实务

张一纯 编著

清华大学出版社
北京

内容简介

本书以劳动定员定额工作流程为主线，介绍了劳动定员定额的基本原理和方法，并针对当前行业企业在劳动定员定额工作中面临的缺乏定额标准、生产中大量使用数控设备带来的数控加工定额标准的编制等实际问题，增加了定额标准的编制和数控加工劳动定额的制定两部分内容。

本书有三个特点：一是聚焦问题。本书以满足当前行业企业的需要为中心，致力于解决行业企业存在的实际问题。二是强调应用。本书以应用为首要目标，通过编写一些来源于工作实际的大型案例，让读者真正掌握各种定额方法的应用。三是重点突出。本书更加注重将涉及劳动定员定额应用的每一个重要的内容讲深、讲细、讲透，以点带面，实现从"管用"到"够用"的跨越。

本书既可作为高等学校人力资源管理、工业工程以及机械电子类专业的教科书，又可供管理者及管理爱好者自学用。

本书封面贴有清华大学出版社防伪标签，无标签者不得销售。
版权所有，侵权必究。举报：010-62782989，beiqinquan@tup.tsinghua.edu.cn。

图书在版编目(CIP)数据

劳动定额定员实务/张一纯编著. --北京：清华大学出版社，2015(2023.8重印)
（十二五高等院校应用型特色规划教材）
ISBN 978-7-302-39461-7

Ⅰ.①劳… Ⅱ.①张… Ⅲ.①企业管理-劳动定额-定额管理-高等学校-教材 ②企业管理-定员-劳动管理-高等学校-教材 Ⅳ.①F272.92

中国版本图书馆 CIP 数据核字(2015)第 036562 号

责任编辑：彭　欣
封面设计：汉风唐韵
责任校对：宋玉莲
责任印制：杨　艳

出版发行：清华大学出版社
　　　网　　址：http://www.tup.com.cn，http://www.qbook.com
　　　地　　址：北京清华大学学研大厦A座　　邮　编：100084
　　　社 总 机：010-83470000　　邮　购：010-62786544
　　　投稿与读者服务：010-62776969，c-service@tup.tsinghua.edu.cn
　　　质量反馈：010-62772015，zhiliang@tup.tsinghua.edu.cn
印 装 者：三河市龙大印装有限公司
经　　销：全国新华书店
开　　本：185mm×260mm　　印　张：15.5　　字　数：299千字
版　　次：2015年4月第1版　　印　次：2023年8月第5次印刷
定　　价：45.00元

产品编号：053513-02

前言

《国民经济和社会发展第十二个五年规划纲要》明确提出了"加快劳动标准体系建设,加强劳动定额标准管理",这是我国第一次将这项工作写进五年规划,对劳动标准工作提出了明确的工作目标。在国内大中型企业中,设置劳动定额管理岗位的比例非常高。据2011年全国总工会的调查显示,81.5%的被调查企业使用劳动定额。为了满足行业企业的需要,国内高校也纷纷开设劳动定员定额课程。尽管行业企业和高校对劳动定员定额方面知识的需求不断增长,但是劳动定员定额方面的工具书极少。本书是在笔者二十多年教学与实践基础上,按照劳动定员定额的实际需要,以培养企业需要的劳动定员定额技能为中心,编制的一本全新的、致力于劳动定员定额知识传授和技能训练的兼顾工具书功能的教材。本书有以下几个特点:

一是聚焦问题。本书始终以满足当前行业企业的需要为中心,始终聚焦于行业企业在开展劳动定员定额工作中存在的难点与问题。例如,通过近年来为行业企业开展劳动定员定额咨询和培训活动发现,当前行业企业在开展劳动定员定额管理中普遍存在两大问题:一是缺乏定额标准;二是数控设备定额标准的编制困难。所以,在编写过程中,专门设置了第八章"定额标准的制定"、第九章"数控加工劳动定额"。

二是强调应用。本书以应用为首要目标,在编写的过程中始终以解决实际问题为出发点。例如,针对前面几章"工时分类"、"劳动定额方法"与"劳动定额方法的应用"分别讲授不容易理解的问题,设置了一些大型案例,在一个案例中融合了劳动定员定额理论的诸多方法,让读者通过大型案例将基础知识融会贯通,真正掌握劳动定员定额方法,实现学以致用。

三是重点突出。本书更加注重将涉及劳动定员定额应用的一些重点内容讲深、讲细、讲透,让读者真正懂得应用,能够解决现实中的问题,尽管可能只懂少数几种甚至一种方法,但是一定要彻底弄明白、弄透彻。以点带面,实现从"管用"到"够用"的跨越。

本书由桂林航天工业学院张一纯教授编著。在撰写过程中,陈葵晞、林观佛、徐冰莉、韦德善、范飞香、罗绍龙、梁洁新、王林、金廷名、容焕、郭海凤、商育玮、林艳、张雪梅、霍仕琪、张桢、赵洋飘、陈才源、韦秋菊等同志承担了一些基础性工作。清华大学出版社的编辑为本书的出版付出了许多心血,在此对他们表示衷心的感谢。

本书借鉴、引用了许多学者的研究成果,并从中受到不少启发,在此一并表示感谢。

由于编者的理论修养与实践经验的局限性,本书难免存在错误和疏漏之处,敬请各位读者批评指正。

编　者

目录

1 第 1 章
劳动定额概论

25 第 2 章
生产过程优化

53 第 3 章
劳动定额的时间构成

67 第 4 章
劳动定额的方法体系

89 第 5 章
秒表测时法和效率评定法

107 第 6 章
工作日写实和工作抽样法

131 第 7 章
模特排时法

149 第 8 章
定额标准的制定

191 第 9 章
数控加工劳动定额的编制

217 第 10 章
劳动定员与劳动力平衡

239 参考文献

第 1 章
劳动定额概论

教学目的

通过本章的学习,要求掌握以下知识点:
- 劳动定额的定义、种类及作用
- 时间定额和产量定额之间的关系
- 劳动定额的职能及其统计分析与修订
- 劳动定额人员的能力要求与职业发展
- 劳动定额的发展趋势

第1章

劳动就业介绍

- 掌握劳动法的概念
- 劳动就业人员的范围及其构成
- 劳动就业的特点及基本原则
- 劳动就业的方针与形式
- 就业服务机构及其作用
- 促进就业人员就业的途径及方法

案例1-1 伯利恒钢铁公司的搬运生铁块实验

1898年,泰勒(Frederick Winslow Taylor,1856—1915)在伯利恒钢铁公司大股东沃顿(Joseph Wharton)的鼓励下,以顾问的身份进入该公司,在此进行了著名的"搬运生铁块实验"。

伯利恒钢铁公司五座高炉的生铁搬运工人有75人,每人每天搬运生铁12.5吨,每人每天挣1.15美元。

泰勒的目标是每人每天47吨,并使工人以每天47吨的速度干活却比过去干12.5吨时更高兴、更满足。

泰勒将这个问题摆在许多优秀的经理面前,没有人认为能够超过18~25吨。

泰勒挑选了两个身材强壮、状态稳定的熟练工人进行体力工作疲劳程度实验,告诉他们只要一直尽最大努力干活,就可以得到双倍工资,一旦发现谁在磨洋工就被解雇。同时公司聘请了一位大学生负责观察记录,希望最终能得出一个人每天能够发挥相当于多少马力的力量。通过数学家巴思对收集到的数据进行分析,发现了一条规律:

每天有一定的百分比的时间工人能够负重。当搬运42kg/块的生铁时,一名熟练工人每天的负载时间为43%,其他时间则无法负载。当搬运21kg/块的生铁时,负载时间约占58%。当负载更轻时,负载时间将更长,直至一个工人搬了一天的生铁都不会疲劳。

一个工人在负重时,他胳膊上的肌肉组织处在衰竭过程中,这就需要经常给予休息时间。泰勒在75名工人中挑选出施密特,跟他说"如果你是一个有价值的人,明天你把那堆生铁装进车厢,就可以挣到1.85美元。""他叫你怎么干,你就怎么干,不许回嘴。"

就这样,施密特开始整天按新要求干活了,且一个人拿着表,站在他面前,让他干活,他就干活,让他休息,他就休息。在下午5点半,他把47.5吨的生铁装上了车。

在之后的三年也都如此,从未耽误过。施密特每天的工资从略低于1.15美元,增加到略超过1.85美元。

(资料来源:弗雷德里克·泰勒.科学管理原理[M].黄榛,译.北京:北京理工大学出版社,2012)

在搬运生铁块的案例中,一个非常重要的指标是每人每天搬生铁块的重量,因为这个指标决定了工人的薪酬。每人每天搬生铁块的重量就是一种劳动定额。泰勒所做的工作,在今天看来仍然有借鉴和指导意义,特别是他的工作目标:不仅要提高劳动定额,而且还要求做到使工人以每天47吨的速度干活却比过去干12.5吨时更高兴、更满足,既要提高劳动效率,还要兼顾工人的利益,重视工人的感受。

1.1 劳动定额的定义

1.1.1 劳动定额的基本概念

在我国出版的劳动定额工具书中,对劳动定额的概念表述不一,我们采用《劳动定员定额术语》(GB/T14002—2008)的定义:

劳动定额是在一定的生产技术组织条件下,采用科学合理的方法,对生产单位合格产品或完成一定工作任务的劳动消耗量所预先规定的限额。

1. 生产条件

生产条件主要包括生产方式和生产批量。

生产方式主要分为:种植养殖型、采掘型、分解型、合成型、加工型、装配型、服务型等。不同的生产方式,劳动定额的形式和数量也会不同。

生产批量是指一次性投入生产的劳动对象数量。生产批量的类型主要包括:单件生产、成批生产、大量生产,如表1-1所示。不同的生产批量,对劳动定额会产生较大影响,在制定劳动定额时,通常使用生产批量系数进行修正。

表1-1 生产批量类型的划分

生产批量类型		零件的年产量(件)		
		重型零件	中型零件	轻型零件
单件生产		<5	<10	<100
成批生产	小批	5~100	10~200	100~500
	中批	100~300	200~500	500~5 000
	大批	300~1 000	500~5 000	5 000~50 000
大量生产		≥1 000	≥5 000	≥50 000

(资料来源:韩广利,曹文杰. 机械加工工艺基础[M]. 天津:天津工业大学出版社,2009)

2. 技术条件

技术条件主要是指工艺装备水平与作业环境条件。工艺装备水平主要取决于机械化程度、自动化程度、专业化程度等。作业环境包括通风、采光、照明、温度、湿度、噪声等。工艺装备水平对生产效率的影响较大,作业环境同样对生产效率有一定的影响,但其关系较为复杂。著名的霍桑实验最初就是为了考察照明对生产效率的影响,但是并未证实两者之间的关系。

3. 组织条件

组织条件主要是指劳动组织条件、操作者的分工情况与专门化程度,即劳动组织和生产过程组织。这些因素对劳动效率高低的影响较大。例如,工作地供应与服务(材料与产品的运输是否有专人)、成品半成品保管、设备维修与保养、刀具的刃磨(集中还是工人自己磨)、技术服务和检验员配备等。

4. 合格产品

在一些教材中,劳动定额的定义里面并没有"合格"一词。我们认为劳动定额应该是"生产单位合格产品"所消耗的劳动量,因为研究劳动定额的目标就是提升劳动效率,而"合格"就意味着劳动的有效性。

1.1.2 劳动定额的种类

劳动定额的分类如表 1-2 所示。

表 1-2 劳动定额的分类

分类方式	内容
按照表现形式分类	时间定额、产量定额、看管定额、服务定额、工作定额、人员定额、销售定额
按照使用功能分类	现行定额、计划定额、设计定额、不变定额
按照实施范围分类	统一定额、企业定额、一次性定额
按照制定方法分类	估工定额、统计定额、类推比较定额、技术定额

以下对各种劳动定额的定义,均尽量采用《劳动定员定额术语》(GB/T14002—2008)中的定义。

1. 按照劳动定额的表现形式分类

(1)时间定额或称工时定额

时间定额是生产单位合格产品或完成一定工作任务量的劳动时间消耗的限额。时间定额是劳动定额最基本、最普遍、最主要的表现形式。对单件小批生产的企业比较适用。表示工时定额时,一般采用双重单位,如工时/件、工时/千克等。

(2)产量定额

产量定额是在单位时间内生产合格产品的数量或完成工作任务量的限额。通常以单位时间产出的合格产品数量来表示。对大量生产企业比较适用。表示产量定额时,一般采用双重单位,如件/工日、千克/工日等。

(3)看管定额

看管定额是对操作者(一个或一组)在同一时间内照管机器设备的台数或工作岗位数规定的限额。适用于机械化、自动化生产企业。表示看管定额时,一般也采用双重单位,如规定一个人在同一时间内看管的机器设备(台/人),规定一条生产线配备的工人数(人/生产线)等。

(4)服务定额

服务定额是按一定的质量要求,对服务人员在制度时间内提供某种服务所规定的限额。对服务类人员比较适用,如1名园林工人修剪绿篱(米/小时),1名客房服务员清扫客房(间/工日)等。

(5)工作定额

工作定额是采用多种指标和方法,对各类人员完成管理性劳动所规定的限额。

(6)人员定额

人员定额是在一定生产技术组织条件下,为保证企业生产经营活动正常进行,按一定素质要求,对配备某类人员所规定的限额。

(7)销售定额

销售定额是规定销售人员在规定的时间内应完成的销售金额。

2. 按照劳动定额的使用功能分类

(1)现行定额

现行定额是指在报告期内企业正在贯彻实施并进行考核的劳动定额。现行定额主要用于核算和平衡企业的生产能力,制订生产计划、计算计件工资、核算产品成本等。

(2)计划定额

计划定额是计划期内企业预定实行或可能达到的劳动定额。计划定额通常以现行定额为基础,通盘考虑计划期内生产技术组织条件等方面的变化,经过综合评定后确定的。

(3)设计定额

设计定额是为满足新建、改建、扩建项目或新产品设计的需要而制定的劳动定额。其主要用于设计工厂的规模,核算所需要厂房、设备、劳动力的需要等。

(4)不变定额

不变定额是将某一时期现行定额固定下来,在一定时期内保持不变,作为衡量对比基础的劳动定额。在定义中已经明确,不变定额是作为衡量对比基础的,所以,其主要用于制定产品的不变价格,核算工业产值,对各时期企业劳动生产效率进行比较分析等。

3. 按照劳动定额的实施范围分类

(1)统一定额

统一定额是某一部门、地区或行业对所属企业的主要产品,在广泛调查研究的基础上制定的劳动定额。所以,其实施范围往往限定于某一特定的部门、地区或行业。

(2)企业定额

企业定额是企业根据自己的具体生产技术组织条件,采用科学合理的方法,所制定的劳动定额。企业定额一般局限于在本企业内部实施。在企业制定、实施劳动定额过程中,主要困难在于推行阻力大,统一定额因为其在特定领域内的权威性,常常被企业作为制定劳动定额的依据。

(3)一次性定额

一次性定额是在特殊的生产技术组织条件下,制定的供一次性使用的劳动定额。之所以在定义中明确是一次性使用,是因为其生产技术组织条件极为特殊,重复出现的可能性不大,但是在相同情况生产技术组织条件下,并不妨碍其重复使用。

1.1.3 劳动定额两种主要形式的关系

工时定额和产量定额是劳动定额的两种主要形式,在企业中广泛使用。对同一项工作,既可以使用工时定额,也可以使用产量定额,两者之间有直接的内在关系。

1. 工时定额和产量定额的转换

工时定额和产量定额在数值上互为倒数,用公式表达为:

$$T = \frac{1}{Q} \tag{1-1}$$

$$Q = \frac{1}{T} \tag{1-2}$$

式中:T——工时定额

Q——产量定额

【例1-1】 生产A零件的粗车外圆工序,工时定额为0.5工时/件,试求其产量定额。

解:已知工时定额 $T=0.5$ 工时/件,根据公式(1-2),其产量定额为:

$$Q = \frac{1}{T} = \frac{1}{0.5} = 2(件/工时)$$

2. 工时定额和产量定额的变化关系

问题:例题1-1中,产量定额增加15%,请问工时定额应该减少多少?

在较多的初学者中,往往会想当然地认为产量定额增加15%,时间定额也会相应减少15%,是不是真的如此?

推导如下:

假设 Q 增长 $y\%$,那么 T 增加 $x\%$。根据公式(1-2),变化后依然存在:

$$Q = \frac{1}{T} \Rightarrow Q(1+y) = \frac{1}{T(1+x)} \tag{1-3}$$

将 $Q = \frac{1}{T}$ 代入公式(1-3)，得到 $\frac{1}{T}(1+y) = \frac{1}{T(1+x)} \Rightarrow 1+y = \frac{1}{1+x}$ (1-4)

由(1-4)得到
$$y = -\frac{x}{1+x} \tag{1-5}$$

还可以进一步推导出
$$x = -\frac{y}{1+y} \tag{1-6}$$

【例 1-2】 生产零件 B 的精车工序，原产量定额为 40 件/工日，现经过工艺改革，产量定额提高到 60 件/工日，试求：

(1) 产量定额增加率。

(2) 工时定额变动比率。

解： 已知原产量定额 Q_0 为 40 件/工日，新产量定额 Q_1 为 60 件/工日。

(1) 产量定额增加率 $= \dfrac{\text{新产量定额} - \text{原产量定额}}{\text{原产量定额}} = \dfrac{60-40}{40} = 50\%$

(2) 根据公式(1-6) $x = -\dfrac{y}{1+y} = -\dfrac{50}{1+50} = -33.3\%$（负号表示降低）

1.1.4　劳动定额的作用

1. 劳动定额是企业编制计划的重要基础

计划是管理的首要职能。企业每年年末都需要编制来年的计划，包括销售计划、生产计划、采购计划、财务计划、成本计划、用工计划、薪酬计划等。编制计划离不开基础数据，其中，劳动定额是编制计划的重要基础数据。例如，用工计划的确定，要将生产计划与劳动定额相结合，计算出完成生产计划所需要的总工时，再根据每个人能提供的制度工作时间，确定用工量。

2. 劳动定额是组织生产活动的重要依据

组织是管理的重要职能。企业计划编制完成后，组织是保障计划顺利实施的重要手段。对企业的生产活动而言，劳动定额是将生产劳动要素从时间和空间上组织起来的重要依据。

3. 劳动定额是企业实行经济核算的基本依据

经济核算是企业在经营过程中必不可少的工作。无论是员工的薪酬核算还是企业经营成本核算，都需要以劳动定额为依据进行。

4. 劳动定额是企业实施分配的重要尺度

个人对企业的贡献是影响企业分配的重要原则之一。因此,绩效考核就显得尤为重要。劳动定额是企业对员工特别是一线员工进行绩效考核的重要尺度。

5. 劳动定额是和谐劳动关系的重要途径

劳动定额是企业实施绩效考核,发放薪酬的重要依据。劳动定额成为企业管理层和员工关注的焦点。劳动定额制定得过松,员工薪酬就水涨船高,员工高兴,与此同时,企业工资总额就需要大幅度增加,有可能突破预算或企业的实际支付能力,管理人员或老板就比较紧张。劳动定额制定得比较紧,要获得同样的薪酬,员工就需要付出更多的劳动,进而抵制劳动定额。科学合理的劳动定额,有利于建立和谐的劳动关系。

1.1.5 劳动定员定额水平

案例 1-2 转向架事业部的劳动定额

ZD电力机车公司是国内研制生产轨道电力牵引装备等交通设备的企业。公司历史比较长,开展劳动定额的时间也比较长。现行劳动定额已经被广泛应用于企业的薪酬、生产管理等各个方面,也正因为如此,调整劳动定额难度也就比较大,公司现行定额已经有将近十年的历史。2013年5月,其转向架事业部的部分劳动定额数据如下:

车轮加工团队:实行定额人数应出勤工时6 510小时,实际总出勤工时26 900小时;

车轴加工团队:实行定额人数应出勤工时5 810小时,实际总出勤工时24 000小时。

你认为这家公司的劳动定额水平怎么样?这些数据用于薪酬分配合适吗?

1. 劳动定员定额水平的概念

国内有多种关于劳动定额水平内涵的表述,将劳动定额与劳动定员相结合的比较少见。我们直接采用《劳动定员定额术语》(GB/T14002—2008)中的定义:

劳动定员定额水平是在一定的生产技术组织条件下,行业或企业规定的劳动定员定额在数值要求的高低松紧程度。

劳动定额水平随着生产、技术、管理水平的发展而提高,在制定劳动定员定额时,应以市场为导向,积极向国内、国际先进水平靠拢,保持动态性、相对性、先进性和可行性,当定员定额水平不再先进时,就应当进行修订。在案例中,劳动定额数据的相对性得以保持,这也是该劳动定额可以用于薪酬分配的原因,但是先进性和动态性明显不够。所以,应该马上进行劳动定额的修订。

2. 劳动定员定额水平的考核

劳动定员定额水平的考核关注的是劳动定员定额的质量,那么如何判断其质量水平的高低呢?可行的思路是将劳动定员定额与一个参照标准进行比较。从操作者的角度看,参照标准应当选择实际消耗时间——实践是检验真理的唯一标准。问题是,采用哪个操作者的实际消耗时间?因为即使在生产、技术、组织条件完全一致的情况下,实际消耗时间还受劳动者个人的工作用量、态度、努力程度、技巧、均匀一致性等多种因素的影响,因此,必须剔除劳动者的个性特征等不正常因素的影响,将实际消耗时间转化为一个标准时间。所以,对劳动定员定额水平的考核,都是采用标准时间作为参照标准的。

(1)标准时间的计算

标准时间就是操作者采用标准工作用量、标准工作速率、标准宽放时间工作时需要消耗的时间。

$$t_b = t_s \cdot k_{lxx} \tag{1-7}$$

式中:t_b——标准时间

t_s——实际消耗时间

k_{lxx}——劳动效率系数

$$k_{lxx} = \frac{t_b}{t_s} = \left(t_s k_{jzb} \frac{q_s}{Q_b} + t_s k_{szb} \frac{S_s}{S_b} + t_s k_{kzb} \frac{T_{bk}}{t_{sk}} \right) \div t_s \tag{1-8}$$

$$= k_{jzb} \frac{q_s}{Q_b} + k_{szb} \frac{S_s}{S_b} + k_{kzb} \frac{T_{bk}}{t_{sk}}$$

式中:k_{lxx}——劳动效率系数

t_b——标准时间

t_s——实际消耗时间

k_{jzb}——机动时间占实际消耗时间的比重

q_s——实际工作用量

k_{szb}——手动时间占实际消耗时间的比重

Q_b——标准工作用量

k_{kzb}——宽放时间占实际消耗时间的比重

S_s——实际工作速率

S_b——标准工作速率

T_{bk}——标准宽放时间

t_{sk}——实际宽放时间

劳动效率系数大于1,表明实际劳动效率高于标准劳动效率;等于1表明两者相等;小于1表明实际劳动效率低于标准劳动效率。

(2) 劳动定额水平指数

劳动定额水平指数就是时间定额与标准时间的比值。

$$k_{\mathrm{lsz}} = \frac{T_{\mathrm{d}}}{t_{\mathrm{b}}} \tag{1-9}$$

式中：k_{lsz}——劳动定额水平指数

T_{d}——时间定额

t_{b}——标准时间

劳动定额水平指数的数值越大，说明劳动定额时间超过标准时间越多，意味着劳动定额比较松，也就是劳动定额水平比较低；劳动定额水平指数的数值越小，说明劳动定额时间小于标准时间越多，意味着劳动定额越紧，也就是劳动定额水平越高。一般情况下，劳动定额水平指数接近于1时比较正常，如果劳动定额水平指数远小于1，则说明标准时间已经落后于实际消耗时间，需要对标准时间进行调查、研究、调整。

1.2　劳动定额工作

案例1-3　劳动定额工作的职能划分

中国南车股份有限公司（以下简称中国南车）成立于2007年12月28日，是由中国南车集团公司联合北京铁工经贸公司共同发起设立的股份有限公司，现有19家全资及控股子公司，分布在全国11个省市，员工近9万人，总部设在北京。其主要从事铁路机车、客车、货车、动车组、城轨地铁车辆及重要零部件的研发、制造、销售、修理、租赁和轨道交通装备专有技术延伸产业，以及相关技术服务，信息咨询，实业投资与管理，进出口等业务。按照《国际标准产业分类》划分，属于机械制造业中的交通运输装备制造业。

在中国南车内部，对于劳动定额工作职能的归属问题一直存在不同看法，一些人认为应该放在人力资源部，因为劳动定额的主要应用部门是人力资源部。一些人认为应该放在工艺部门，因为劳动定额的制定需要依靠工艺部门。在中国南车总部，劳动定额工作职能划归人力资源部。在中国南车下属的19家全资公司中，有17家公司需要开展劳动定额工作，其中大部分子公司将劳动定额工作职能放在人力资源部，少部分子公司放在工艺部门。

（资料来源：部分来自中国南车官方网站 http://www.csrgc.com.cn/g727.aspx）

对于劳动定额工作职能的划分问题,一直是仁者见仁,智者见智,各个企业的做法也不一致,目前无论是业界还是学界都尚未就劳动定额工作职能的归属形成一致意见。

1.2.1　劳动定额工作职能

1. 劳动定额工作的属性

根据劳动定额的定义,劳动定额需要限定在一定的生产技术组织条件下。生产技术反映了生产力的水平,属于生产力的范畴,决定了劳动定额的自然属性,而组织条件是一定生产关系的要求与反映,属于生产关系范畴,决定了劳动定额的社会属性。因此,劳动定额学既要研究劳动定额的自然属性,研究引起劳动定额变化的自然规律、生产技术规律,也要研究其社会属性,研究劳动定额导致的生产关系的调整和上层建筑的变革,从而调动人的积极性与创造性。劳动定额的自然属性研究如何把握劳动定额工作规律,把劳动定额工作做好;社会属性研究如何在劳动定额工作过程中充分发挥、调动人的积极性。在劳动定额工作的所有环节中,都贯穿了管理的原理、方法和理念。所以,一般认为,劳动定额工作是一项管理工作,在劳动定额的两个属性中,社会属性日益显得重要。

2. 劳动定额工作职能的归属

据调查,在全国的企业中,劳动定额工作职能主要有四种划归方式:工艺技术部门、人力资源部门、生产计划部门、财务部门。划归工艺技术部门的出发点是因为工艺技术与劳动定额的制定关系密切,后面三种划归方式都是基于劳动定额的应用:人力资源部门应用劳动定额进行定员与薪酬管理、生产计划部门应用劳动定额进行生产管理、财务部门应用劳动定额进行成本核算、对外报价(如军工企业)等。如何分析劳动定额职能归属的优劣,参照下例:

案例 1-4　某企业对劳动定额工作职能归属工艺部门的优劣分析

(1)优点。

一是因为管理幅度不大,从而对中层管理者知识面要求不高,只要懂工艺技术即可;

二是有利于劳动定额员与工艺人员的信息共享与工作衔接;

三是有利于工艺部门和人力资源管理部门之间的相互制约。

(2)缺点。

一是在薪酬管理、劳动定员上责权不统一。薪酬管理的责任在人力资源部门,劳动定额放在工艺部门,而劳动定额决定着部分薪酬,意味着人力资源部门将为工艺部门的劳动定额工作质量负责,既不合理,也容易造成工时失控,进而导致薪酬失控。对劳动定员同样如此。虽然将定员和劳动定额两个职能放在两个不同部门可以相互制约，但是也容易造成责权不统一，因为劳动定额是定员的基础，对大多数岗位而言，劳动定额将决定定员，同样地，这将导致人力资源部门要为工艺部门的劳动定额工作质量负责。

二是不利于解决劳动定额管理的主要矛盾。劳动定额涉及自然科学和社会科学，自然科学解决劳动定额制定的技术问题，社会科学研究与劳动定额相关的人的积极性调动问题。事实上，劳动定额科学发展至今，在制定劳动定额方面已经基本解决了技术问题，但是在很多企业虽制定了比较先进合理的劳动定额，却执行不下去，其核心不是技术问题而是人的问题，也就是说，当前企业劳动定额管理的主要矛盾是企业发展需要劳动定额与企业部门或职工不愿意贯彻执行劳动定额之间的矛盾，是人的积极性调动问题，在处理这类问题时，工艺部门并不擅长。

三是不利于树立劳动定额的权威性。首先，工艺部门领导的级别不高，低于被管理的事业部领导的级别，在树立劳动定额的权威性方面必然存在越级管理的障碍；其次，因为劳动定额工作不是工艺部门的主业，容易被边缘化，一个在本部门都不受重视的职能也不容易受到其他部门的重视，这显然与劳动定额在企业管理中的重要地位不相称；最后，工艺部门掌握的管理资源有限，很难调动相关部门的工作积极性，相关部门即使不配合定额工作遭受到的惩罚或损失也不会太大，这容易导致相关部门以各种理由为借口挑战劳动定额的权威性。

四是不利于劳动定额工作与外界交流。劳动定额标准的管理职能在政府部门归口人力资源和社会保障部，工艺部门与人力资源与社会保障部门之间业务联系不多，不利于企业从政府等部门迅速获取劳动定额工作的相关信息，从而降低企业劳动定额决策和行动的效率。

如案例所示，劳动定额工作职能的划分，关键是企业要准确把握主要矛盾——对企业而言，劳动定额工作的主要矛盾是劳动定额的制定问题还是劳动定额的应用问题？尽管在当前劳动定额工作中，还存在诸多难点问题（如脑力劳动者的劳动定额问题、装配劳动定额的制定问题等），但是总体上来看，劳动定额在制定方面（特别是在生产一线的劳动定额制定方面）已经不存在大的技术性障碍，但是在劳动定额的推广、应用方面，各类型企业都普遍存在问题，并常常导致劳动定额无法付诸实施。对诸多企业而言，当前劳动定额工作面临的主要矛盾是应用问题。

1.2.2　劳动定额的统计分析

劳动定额的统计就是对劳动定额实际发生的情况用科学的方法如实地加以记录。

1. 工时定额的汇总

产品工时定额的汇总，可以分为三种类型：

(1) 以生产部门为单位进行汇总

以生产部门为单位进行汇总时，目的是掌握生产部门的工时定额完成情况。可以通过统计各工序（零件、部件、产品）的合格产品数量乘以该工序（零件、部件、产品）的工时定额求和之后得到。公式如下：

$$某生产单位工时定额 = \sum T_i \times Q_i \qquad (1-10)$$

式中：T_i——第 i 工序（零件、部件或产品）的时间定额

Q_i——报告期完成的第 i 工序（零件、部件或产品）的合格品数量

(2) 以产品为单位进行汇总

产品的工时定额由组成该产品的部件的工时定额之和加上产品的装配、调试工时汇总而成，如图 1-1 所示。在汇总产品工时定额时，一般将准备与结束时间和单件工时定额分别汇总。

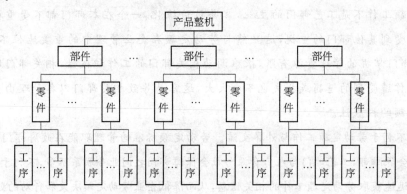

图 1-1 产品工时定额汇总方式

(3) 以生产者个人为单位进行汇总

其方法与以生产部门为单位的实耗工时汇总基本一致。对生产者个人工时定额进行统计的目的是了解生产者个人工时定额的完成情况，以便总结先进经验，开展劳动竞赛等。

2. 实耗工时的统计

如案例 1-2 所示，对实耗工时的统计分析，既可以应用于对企业劳动定额水平的判断，也可以应用于企业薪酬管理、生产管理、成本核算等。进行劳动定额统计分析，首先要收集、统计实际消耗工时（简称实耗工时）数据。统计实耗工时主要依据《派工单》、《工时记录单》等原始记录进行。《派工单》样表见表 1-3，《工时记录单》样表见表 1-4。

表 1-3 《派工单》样表

表格编号：
车间：　　　　　　　　　班组：　　　　　　　　　派工日期：　年　月　日

作业号	零件号	工序号	工序名称	任务数量	工时定额			完成情况			备注
					准备与结束时间	单件时间	合计	合格品数量	废品数量	验收	

负责人：　　　　　　　定额员：　　　　　　　派工员：

表 1-4 《工时记录单》样表

零件号：　　　　　　　车间：　　　　　　　　班组：

工序号	工序名称	操作工时(分)	人力(人)	节拍(分)	工时小计	备注

记录：　　　　　　　　　　　日期：　年　月　日

(1) 实耗工时的汇总

实耗工时的汇总一般采取以下三种方法进行：

① 以生产部门为单位进行汇总。以生产部门为单位进行汇总时，目的是掌握生产部门的实耗工时情况。生产部门可以是事业部、车间、工段、班组等。

② 以产品为单位进行汇总。以产品为单位进行汇总，目的是掌握产品的实际消耗时间。通常是以一批产品为对象，按照工序→零件→部件→产品逐层次汇总，统计出生产一批产品实际消耗的工时数和完成的定额数。

③ 以生产者个人为单位进行汇总。以生产者个人为单位进行汇总，目的是掌握生产者个人的实际工时消耗情况。在报告期内，生产者可能参与多个产品、多个工序的生产，所以需要将其参与生产的产品及其工序所消耗的工时数进行统计汇总。以生产者个人为单位的产品实耗工时汇总，在方法上与以生产部门为单位的实耗工时汇总基本一致，所以，也有人在分类时将它们视为一类。

(2) 单位产品实耗工时的计算

① 直接计算法

$$单位产品实耗工时 = \frac{报告期内某产品实耗工时总数}{报告期内该产品成品总数} \quad (1-11)$$

式中:

$$报告期内该产品成品总数 = \frac{报告期内该产品生产合格产品完成工时定额总数}{该产品的工时定额} \quad (1-12)$$

② 间接计算法

这种方法主要针对生产连续性比较强的大批量生产企业,因为难以区分在线产品是哪一批次,所以一般是分产品、分工种计算出单位产品的实耗工时。公式如下:

$$单位产品实耗工时 = \sum \frac{T_{gdi}}{k_i} \quad (1-13)$$

式中:T_{gdi}——该产品 i 工种现行时间定额

k_i——该产品 i 工种的定额完成系数(是按产品分工种计算的综合平均数)

3. 劳动定额完成程度的统计分析

劳动定额完成情况的统计分析通常包括对以下四个指标的分析:定额贯彻率(定额覆盖面)、定额完成率、未完成定额人数、超定额人数等。

(1) 定额贯彻率(定额覆盖面)

$$定额贯彻率 = \frac{实行定额考核人数}{在册人数} \times 100\% \quad (1-14)$$

定额覆盖面通常还包括以下几个常用的具体指标:

全员定额覆盖面、生产工人定额覆盖面、基本生产工人定额覆盖面、非生产操作工人定额覆盖面、工序定额覆盖面。

(2) 定额完成率

定额完成率包括产量定额完成率和时间定额完成率。产量定额完成率只有在单一产品条件下才能计算。在多品种条件下,只能计算时间定额完成率。

① 生产单一产品的情形

$$产量定额完成率 = \frac{单位时间内实际完成的合格产品产量}{产量定额} \times 100\% \quad (1-15)$$

$$时间定额完成率 = \frac{单位产品的工时定额}{单位产品的实耗工时} \times 100\% \quad (1-16)$$

② 生产多种产品的情形

$$时间定额完成率 = \frac{完成定额工时总数}{实耗工时总数}$$

$$= \frac{\sum(某种产品实际产量 \times 单位该产品工时定额)}{\sum(某种产品实际产量 \times 单位该产品实耗工时)} \times 100\% \quad (1-17)$$

【例 1-3】 2013 年 12 月,某车间完成甲、乙、丙三种产品数据见表 1-5。试计算该车间劳动定额完成率。

表 1-5　2013 年 12 月某车间产品生产情况及时间定额表

产品名称	时间定额（工时/件）	实际产量（件）	实耗工时总数（工时）
甲	2	2 000	3 600
乙	3	1 500	4 000
丙	4	1 000	3 400

解：本例是生产多种产品的情形，只能计算时间定额完成率，适用公式(1-17)。所以，需要在表中增加"完成定额工时总数"，以便计算"时间定额完成率"。计算见表 1-6。

表 1-6　2013 年 12 月某车间劳动定额完成情况表

产品名称	时间定额（工时/件）	实际产量（件）	实耗工时总数（工时）	完成定额工时总数	时间定额完成率（%）
	①	②	③	④=①×②	⑤=④÷③
甲	2	2 000	3 600	4 000	111.11
乙	3	1 500	4 000	4 500	112.5
丙	4	1 000	3 400	4 000	117.65
合计	—	—	11 000	12 500	113.64

计算表明，该车间 2013 年 12 月的时间定额完成率为 113.64%。

(3) 超定额人数和未完成定额人数

统计超定额人数和未完成定额人数的目的，是为了了解劳动定额水平的具体情况，弄清未完成定额的原因，以便采取措施进行改进。方法一般是按照一定的统计分组计算。

【**例 1-4**】　2014 年 3 月，某车间车、铣、刨、磨四个工种 112 名工人劳动定额完成情况经分组后如表 1-7 所示：

表 1-7　2014 年 3 月某车间劳动定额完成情况分组表

工种	生产工人按照劳动定额完成程度分组					人数合计
	<90%	90%~100%	100%~110%	110%~120%	>120%	
车	1	4	26	5	1	37
铣	1	3	24	2	1	31
刨	1	1	16	5	3	26
磨	1	1	13	1	2	18
合计	4	9	79	13	7	112

请问哪个工种超定额最多？哪个组未完成定额的比例最高？

解：计算工种的超定额，需要根据各分组的组中值和各组人数计算加权算术平均值。详见表 1-8。

表 1-8 2014 年 3 月某车间超定额、未完成定额计算表

工种	生产工人按照劳动定额完成程度分组					人数合计		未完成定额人数比例	定额完成程度（％）
	<90%	90%～100%	100%～110%	110%～120%	>120%	总人数	未完成定额人数		
车	1	4	26	5	1	37	5	13.51	105.27
铣	1	3	24	2	1	31	4	12.90	104.68
刨	1	1	16	5	3	26	2	7.69	108.08
磨	1	1	13	1	2	18	2	11.11	106.11
合计	4	9	79	13	7	112	13	11.61	105.89

根据上表，刨工组的超定额最多，达到 8.08％。

同样根据上表还可以计算出未完成定额人数的比例，车工组、铣工组、刨工组、磨工组分别为 13.51％、12.90％、7.69％、11.11％。

1.2.3 劳动定额的修订

劳动定额的修订是指由于生产技术条件变更，以及生产水平和劳动者技术熟练程度的提高，对现行劳动定额所作的修改。劳动定额的修订包括定期、不定期和临时修订三种。一般情形下，有明显的错误应马上修订，如果仅仅是松紧问题（指松紧幅度不大的情形，幅度过大则说明修订期限过长）则定期修订。

1. 劳动定额的修订期限

（1）劳动定额的定期修订

劳动定额的定期修订是指按照事先确定的修订期限，到期后对全部劳动定额项目进行的修订。劳动定额的修订期限受企业的生产类型、制造特点、行业特征等多种因素的影响，在理论上一般建议，大批量生产企业一年一次，小批量单件生产企业一年或两年一次。但是实际上，劳动定额的修订经常面临诸多阻力：

一是因为我国开展劳动定额工作的企业大都实行计件、计时工资制度，劳动定额的修订基本上都是压缩劳动定额，如果压缩率在工序、工种之间或者生产单位之间不平衡，则意味着对原有薪酬分配的修改，所以修订阻力极大。

二是因为行业劳动定额标准修订的滞后，企业在进行劳动定额修订时，没有一个公认的标准作为支撑，企业内部对劳动定额的公平性、科学性容易产生争议，导致对劳动定额修订的抵制。

基于以上原因，企业为了回避矛盾往往会尽量推迟对劳动定额的修订，所以，在实践中，我国大部分企业劳动定额的定期修订期限远远超过一年或两年，五六年修订一次也极为常见，有的企业甚至长达十年甚至二十年未进行全面的修订，其中不乏全国 500 强的大型企业。

(2)劳动定额的不定期修订

劳动定额的不定期修订是指由于生产技术组织条件变更,以及出现其他对劳动定额有重大影响的特殊情况时,对个别劳动定额项目进行的修订。其包括以下几种情形:产品或原材料规格发生重大变化;工艺加工方法发生变更;生产设备或发生重大变更;重大技术革新项目投入使用;劳动组织发生变更;劳动定额明显不合理的其他情形。

劳动定额的不定期修订需要由定额部门填写工时定额修订通知单,并下达到财务、计划等所有需要使用劳动定额的部门。劳动定额修订通知单中需要填写零件名称、零件图号、工序、调整前后的劳动定额、修订人、批准人以及修订原因等信息,见表1-9。

表1-9 劳动定额修订通知单

零件图号	零件名称	工序	原定额		修订后定额		修订原因
			定额时间	准结时间	定额时间	准结时间	

修订人:　　　　　修订日期:　　　　　批准人:　　　　　批准日期:　　年　月　日

(3)劳动定额的临时性修订

劳动定额的临时性修订是指由于发生了生产技术组织条件的临时性改变,对个别劳动定额进行的临时性修订。临时性修订适用于不应由生产者个人负责的情形(一般是由组织原因造成的),所以需要由企业补付一定的时间。劳动定额的临时性修订也需要填制临时补付时间单据。

1.3 劳动定额的发展趋势及对劳动定额人员的要求

1.3.1 劳动定额的发展趋势

随着科技发展和企业技术的进步,企业的生产管理、企业定员、成本核算、对外报价等都对劳动定额管理提出了新的要求,劳动定额工作的模式、方法和手段也随之不断发展,呈现出标准化、信息化、系统化的趋势。

1. 标准化

按照我国的国家标准《标准化基本术语　第一部分》(GB3935.1—1983)对标准化的

定义：标准化是"在经济、技术、科学及管理的社会实践中，对重复性事物和概念，通过制定、发布和实施标准，达到统一，以获得最佳秩序和社会效益"。我国在劳动定额领域的标准化无论是在制定、发布还是实施环节都存在大量可以改进的空间。对企业来说，尽管科学技术已经发生了翻天覆地的变化，但是在劳动定额实践中还在引用三四十年前的标准，有的企业尽管制定了企业劳动定额标准，但是在实施环节还存在诸多问题。企业调研发现，当前在企业中普遍存在作业内容和作业标准比较粗放，工艺部门与车间、班组的工艺不能确保完全一致，操作者的操作也不能确保与工艺文件要求的程序完全一致。因此，迫切需要在企业中开展劳动定额标准化工作。

(1) 企业劳动定额标准化的特征

企业劳动定额标准化具有以下特征：

①法定性。标准的形式、结构、术语和管理程序都要符合国家或行业劳动定额标准化的基本要求。

②统一性。它是对企业劳动定额管理有关的各项工作中具有重复性事物和概念所做的统一规定，是对基础标准、方法标准、管理标准、活劳动消耗量的标准等重复性事物所做的统一规定。

③强制性。企业劳动定额标准一经颁布，应当成为企业进行劳动定额有关各项事物共同的行为准则和依据。

④科学性、先进性。企业劳动定额标准是企业、行业乃至国家科技进步成果、先进工作经验与劳动定额管理相结合。

⑤合理性及可行性。它是反映企业劳动效率兼顾公平、合理薪酬制度设计的必然产物，必然要求具有很强的操作性。

⑥协调性。企业劳动定额标准以国家或行业劳动定额标准为目标，以企业生产实际为依据，具有贯彻国家或行业劳动定额标准的协调性特征。

(2) 企业劳动定额标准体系

①基础标准。基础标准是对企业劳动定额标准制定中具有广泛指导意义和能普遍使用的共性事物所作出的统一规定。

②方法标准。方法标准是以企业劳动定额制定、贯彻、统计分析、修订、考核、管理以及在企业劳动定额标准化活动中需要协调的技术性事项和概念等为对象所作出的统一规定。其包括工时测定方法标准、工作方法标准、定额制定方法标准、定额平衡调整方法等。

③管理标准。管理标准是以企业劳动定额标准化活动中，需要协调的管理性事项为对象所作出的统一规定。

④工作标准。工作标准是以企业劳动定额标准化活动中需要协调统一的各类人员的工作事项为对象所做出的统一规定。其包括定额工作程序标准、定额工作质量标准、定额工作数量标准、宽放附加定额标准等。

2. 信息化

企业的劳动定额标准发展,一方面,为企业决策提供了数据支撑,使企业在计划管理、经济核算、生产调控、成本控制等方面获益匪浅,与此同时,企业劳动定额数据的规模越来越大,企业对劳动定额数据准确性、及时性的要求面临巨大挑战;另一方面,企业之间的竞争已经从单一的某种能力的竞争转换为整个供应链体系的竞争,供应链体系的整合与优化成为赢得竞争的关键因素。使用计算机辅助定额系统,为企业工时制定提供可靠的技术支持,提高企业基础数据的准确性和规范化,成为解决企业面临问题的关键。

劳动定额信息化的一个基本表现就是劳动定额的制定以及劳动定额的统计分析等工作,都逐步由计算机辅助技术来进行,最终建立起功能完善的劳动定额管理信息系统。目前,国内已经有劳动定额管理方面的通用软件,集定额制定、定额标准管理、定额数据成本(价格)应用管理等功能于一体。

3. 系统化

系统是同类事物按一定的关系组成的整体。劳动定额工作的系统化是指企业以劳动定额工作为主线,将企业的相关工作与劳动定额相统一,体现全员、全面、全过程的系统化管理思想。全员强调的是将全部员工均纳入劳动定额管理。全面则注重人、机、料、法、环等相互结合,实行对劳动定额的全方位动态管理。全过程则将企业的整个生产经营过程都纳入劳动定额的管理范畴,使劳动定额管理成为企业管理系统中的重要子系统。从系统的角度出发,劳动定额管理系统也是由多个子系统组成的。例如,劳动定额标准体系中的工作系统包括企业劳动定额标准的制定与调整工作分系统、企业(行业)劳动定额标准贯彻与考核工作分系统、企业(行业)劳动定额工作数量标准分系统等。劳动定额的发展,就要求从系统的角度出发,进行顶层制度设计,建立涵盖企业整个经营过程、全体员工的动态劳动定额管理系统,夯实企业管理基础,为企业发展提供坚实的支撑。

1.3.2 劳动定额人员

1. 劳动定额人员的职业生涯

职称评定对员工职业生涯的导向性作用是决定性的。传统的劳动定额人员的职称评定一般包括以下几个系列:

(1)工程技术系列

工程技术系列即：技术员→助理工程师→工程师→高级工程师。

（2）经济系列

经济系列即：经济员→助理经济师→经济师→高级经济师。

（3）人力资源管理系列

人力资源管理系列即：人力资源管理员→助理人力资源管理师→人力资源管理师→高级人力资源管理师。

如前所述，我国企业劳动定额工作的归属有四种：人力资源部门、工艺技术部门、生产计划部门、财务部门。这三种系列也基本可行，但是显然都近似于"挂靠"。目前我国并没有专门的劳动定额系列的职称评定。

现在除了职称评定之外，国家相关部门推出了定员定额管理岗位能力证书，定员定额管理岗位设定为四级：定额管理员、助理定员定额管理师、定员定额管理师、高级定员定额管理师。

2. 劳动定额人员的知识与能力要求

（1）国内对劳动定额人员的要求

劳动定额界常常说，劳动定额人员需要成为"万金油"：什么都要懂。当然一个人的精力有限，不可能真正做到什么都懂。但是这从一个侧面说明劳动定额人员的知识面和技能确实要比其他岗位要求更广。总的来说，劳动定额人员尤其应该掌握的知识与技能包括：

- 工程技术。不同的行业要求不一。以机械加工企业为例，就需要机械工程学、机械加工工艺学、机械设备及其使用方法等。
- 数学、统计学知识。能收集相关资料，并根据资料进行回归分析等。
- 工业工程学。掌握方法研究、时间研究知识，能进行流程、方法优化等。
- 计算机知识。能够应用相关软件进行回归分析，能够操作劳动定额管理系统等。
- 管理心理学等知识。善于沟通与协调，尤其要善于应用相关知识妥善处理推行劳动定额过程中的冲突等。
- 经济学、管理学等知识。能应用会计学等进行成本摊销，能应用劳动定额进行薪酬策划，制定劳动定额与编制劳动定员等。
- 较强的文字报告能力。

（2）英国对劳动定额人员的素质要求

英国对劳动定额人员有以下八条要求：

- 对人真诚与诚实。
- 对人、对事具有热心、乐观、公平感。

- 喜欢与人打交道、富有启发性,有观察、分析和指导能力。
- 具有同情心、责任感,能听取意见,有合作精神。
- 机警、机智,有谋略和自我控制力,分析与判断力强。
- 有计划和指导能力,具有正义感和信赖感、自信心强。
- 个性良好,想象力丰富,有工作干劲,认真。
- 品行端正,有工作精力和良好的仪表。

1.4 思考题

1. 怎么理解劳动定额的定义中"一定的生产技术组织条件"?可以将"一定"改为"标准"吗?

2. 为什么在劳动定额的定义中要强调"采用科学合理的方法"?如果不是科学合理的方法会怎么样?

3. 为什么在劳动定额的定义中要强调是生产单位"合格产品"的劳动消耗量所预先规定的限额?它在实际中是怎么体现的?

4. 你认为劳动定额工作职能应该归属哪个部门?为什么?

5. 想想看,有多少因素会对劳动定额修订期限产生影响?

第 2 章
生产过程优化

教学目的

通过本章的学习,要求掌握以下知识点:
- 企业生产过程的内涵和细化
- 工作研究的内容与范畴
- 六何研究法和四大优化原则
- 程序分析、操作分析、动作分析的方法

第 2 章
生产过程优化

案例 2-1　对砌砖工的动作研究

弗兰克·B. 吉尔布雷斯(Frank Bunker Gilbreth,1868—1924)曾对砌砖的每个动作进行了分析和研究。他把所有不必要的动作一个个地排除掉,用快动作代替慢动作,对任何影响工人操作速度和疲劳度的细小因素都进行过验证。

从砌砖工每只脚该站的位置,以及脚到墙、脚到灰浆箱和砖堆等的位置都进行了精确地设计。这样,砌砖工每砌一块砖,就无须来回走动了。

他研究出搁置灰浆箱和堆放砖的最佳高度,设计了一种支架,搁上一张平板,所有材料都堆放在上面,使砖、砌砖工和墙处于合适的位置上。这些支架由一名专司其事的工人掌管,随着墙的升高,他就为所有的砌砖工调高支架,这样砌砖工在取每块砖和每刀灰浆时,就无须再弯腰伸直,从而降低疲劳程度。

吉尔布雷斯还对砖的配送和挑选进行了研究。砖块从车上卸下来之后,运送给砌砖工之前,先由一名工人进行仔细分类,并把这些砖的最佳边缘朝上,搁在一个简易的木框架上,从而让砌砖工在最快的时间里和最便利的位置上抓取到每块砖。这样,砌砖时,砌砖工就无须再花时间去选择砖的最好的端面,以便砌在墙的外沿,也无须再花时间去清理支架上杂乱堆放的砖块。

我们常见到,砌砖工把每块砖抹上灰浆后,一般用泥刀把砖的一端敲几下,直到接缝处的厚薄度合适为止。吉尔布雷斯发现,要是把灰浆调得正合适,那么砌上砖块时,只要用手压一下,使砖达到合适位置,砖就砌好了。

吉尔布雷斯经过仔细研究砌砖工在所有标准情况下砌砖的动作后,把砌砖动作由 18 个压缩到 5 个,在某种情况下甚至低到只要两个动作。用传统的方法每人每小时可砌砖 120 块,改进方法后每人每小时可砌砖 350 块,作业效率显著提高。

(资料来源:弗雷德里克·泰勒. 科学管理原理[M]. 黄榛,译. 北京:北京理工大学出版社,2012)

在对砌砖工的动作研究案例中,为了提升砌砖效率,围绕提高速度和降低疲劳度,吉尔布雷斯对砌砖动作进行了仔细研究,改进了砌砖动作,调整了人员配置,甚至还设计了一些工具,并进行了标准化,为动作的普及创造了条件。从理论上看,在进行砌砖动作研究之前,也存在劳动定额,在进行砌砖动作研究之后,通过一系列的改进与优化,导致生产效率大幅提升,原有的劳动定额也就失去了意义,所以,在制定和修订劳动定额之前,需要进行生产过程的优化。生产过程细化是优化的前提。

2.1 企业生产过程及其细化

2.1.1 企业生产过程的基本内涵

企业的生产过程有广义和狭义之分。广义的企业生产过程是指涵盖规划、研究、试验、设计、生产、修理六个基本环节的全过程。狭义的企业生产过程是指企业产品的一般生产过程,即从生产准备开始到生产出产品为止的全部过程。

在产品的生产过程中,人们通常比较关注的是劳动过程,即劳动者按照预定的目的和要求,使用劳动工具,对劳动对象进行加工,使之成为合格产品的过程。对于一些产品而言,除了需要劳动过程之外,还有一些不属于劳动过程,例如:热处理零件的冷却,铸件、锻件的天然时效,面条的自然晾干等。人们将这种需要借助自然力的作用,使产品发生物理或化学的变化,达到预定目的的过程称为自然过程。因此,劳动过程是产品生产过程的最基本的内容,但对某些产品的生产而言,自然过程与劳动过程一样必不可少。

企业产品的生产过程一般分为以下几个子过程:

1. 准备生产过程

准备生产过程是指产品在投产之前所进行的一系列生产、技术、组织的准备工作。生产准备包括准备原材料、外协件、外购件、工具、制造工艺设备等;技术准备包括设计产品和工艺装备,制图;工艺准备,制修订工艺规程等;组织准备包括制定和修订劳动定额、生产组织和劳动组织等。

2. 基本生产过程

基本生产过程是指借助工具或自然力使劳动对象成为产品的过程。例如,机械企业的毛坯锻造、机械加工、热处理、表面处理、焊接;建筑行业的砌砖、抹灰等。基本生产过程包括工艺过程、检验过程、运输过程、自然过程。

工艺过程是指生产过程中直接改变原材料或者毛坯的性能、尺寸、形状或零件的相对位置关系,使之变成产品的过程。

检验过程是根据加工工艺、技术要求对劳动对象进行检验试验的过程。

运输过程是劳动对象在工序、仓库之间的搬运过程。

自然过程是劳动对象在自然力作用下发生变化的过程。

3. 辅助生产过程

辅助生产过程是为了保证基本生产过程的正常进行所进行的各种辅助性的生产活动。例如,制造企业的供电、供水、供气,设备维修,工夹量模具的制造等。

4. 生产服务过程

生产服务过程是指为保证基本和辅助生产过程的实现所进行的各种供应与服务工作。例如,原材料、半成品和工具等的保管、供应、搬运、包装发运、理化检验、工作地整理、清扫等。

2.1.2 企业生产过程的细化

在生产过程的四个子系统中,通常基本生产过程和辅助生产过程可以进一步分解为工序、操作、动作等,如图 2-1 所示。

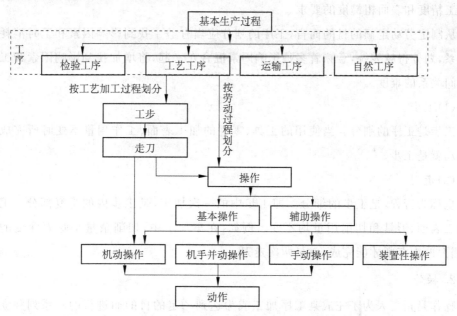

图 2-1 基本生产过程的细化

1. 工序

工序是工艺过程中由一个(或)一组工人,在一台机床(或一个工作地点)上,对一个(或一组)工件所连续完成的加工活动。对这一定义的理解主要分歧点在"连续"两个字上。特别是数控加工中心的出现,对于工序的划分提出了新的挑战。在实际工作中,有的企业的一个工序在另外一个企业可能被划分为十几个工序,因为它们的划分方式不一样：

有的根据换刀来划分，即每换一次刀为一道工序，因为换刀意味着不连续。数控机床和加工中心，为了减少换刀次数，减少不必要的定位误差，经常在一次装夹中，尽可能用同一把刀具加工出可以加工的所有部位，然后再换另一把刀具加工其他部位。这种划分方式适用于工件的待加工表面较多，机床连续工作时间过长，加工程序的编制和检查难度较大等情况。

有的按安装次数划分。以一次安装完成的工艺过程为一道工序。这种方法适用于加工内容不多的工件，加工完成后就能达到待检状态。因为每个零件结构形状不同，各表面的技术要求不同，加工时的装夹、定位方式就会有差异，因而可根据装夹、定位方式的不同来划分工序。

有的按粗、精加工划分工序。因为，在一次安装中，不会将零件某一部分表面全部加工完毕后再加工其他表面。而是先切除整个零件的大部分余量，再精加工其表面，以保证加工精度和表面粗糙度的要求。

从制定劳动定额的目的而言，工序的划分应当有益于找到影响因素和工时消耗之间的关系，划分得越笼统，意味着多种影响因素混合在一起，将增加找到影响因素和工时消耗之间关系的难度。

(1) 工步

工步是工序的细分。当使用的工具、零件的加工表面、工作用量不变时所完成的加工活动就是工步。

(2) 走刀

也称为行程，是工步的细分。即工步中的一次加工，是工步内的重复部分。工步要求加工表面、刀具和切削用量均不变。例如，在车加工中，切削余量是吃刀深度的两倍时，需要两次车削才能完成，就是两次走刀。

2. 操作

操作是指工人为了完成某工序加工或为达到一定的目的而进行的一系列独立完整的劳动活动。例如，车削端面可以分为以下操作：拿取工件放在卡盘上、取卡盘扳手、用扳手拧紧工件、开车、进刀、车削、退刀、停车、卸工件。操作按照其任务性质可以分为基本操作和辅助操作，按照分解的粗细程度可以分为单一操作（最简单的劳动活动，如开车、进刀等）和综合操作（由若干单一操作合并而成，如将"拿取工件放在卡盘上、取卡盘扳手、用扳手拧紧工件"合并为装卡工件）。

(1) 基本操作

基本操作就是以实现工艺要求而采取的直接改变劳动对象的性能、尺寸、形状、位置等的操作。包括机动操作(由机器自动完成的操作)、机手并动操作(由工人操纵机械进行的操作,如手持电钻钻孔)、手动操作(由工人手持工具从事的体力劳动,如锉削、装卡工件)、装置性操作(在某一装置内自动完成的操作。如在热处理炉中进行淬火、电镀槽中电镀零件)。

(2) 辅助操作

辅助操作是为了保证工序的基本操作正常进行而进行的辅助性操作。如机床的开车、停车、更换刀具等。

3. 动作

动作时操作的细分。一个操作可以由多个动作组成。例如,上例中的拿取工件放在卡盘上,如果不需要步行,则可以细分为伸手(手的移动)、抓握、缩手、放置等动作。

2.2 工作研究与生产过程的优化

案例 2-2 上海瑞尔公司的工作研究

上海瑞尔实业有限公司成立于 1995 年 2 月,公司是集汽车零部件设计、开发、生产、销售、服务于一体的国家级高新技术企业。上海瑞尔实业有限公司一直致力于生产效率的提升。在企业经营过程中,对企业生产现状进行记录,对生产过程进行深入分析,有步骤、有层次地提出问题,揭示现状中存在的问题和不合理之处,不断寻求提升生产效率、挖掘潜力的措施。对具体产品的加工过程,从第一道工序到最终一道工序进行梳理,分析其工艺流程并进行合理化。对关键工序和作业场地进行深入分析,消除影响产品质量和生产效率的各种因素,并进行操作优化。对操作细微动作进行分析,取消不合理、多余或浪费体力的动作,使操作简化、动作更经济,实现了作业方法的优化。

与此同时,对按标准操作方法的作业进行了时间测定,制定作业的标准时间,进一步消除了时间上的浪费,充分挖掘了时间利用方面的潜力。

在以上工作的基础上,制定了作业标准,在生产上实施、巩固,使得企业的生产效率得以大幅度提升,从 1998 年至 2012 年复合增长率为 53.6%,实现连续 14 年的持续高速增长。其间取得 3 次填补中国空白的产业化突破,实现 3 次跳跃发展,被《解放日报》等主流媒体誉为"隐形冠军"。为中小型民营企业的发展走出了一条新路。

资料来源：1. 孔庆华、周娜. 工作研究基础与案例[M]. 北京：化工出版社，2009

2. 瑞尔公司官网：http://www.sh-real.com

正如案例所示，工作研究对生产效率的提升有着切实的效果。事实上，工作研究从产生之日起就致力于解决生产力优化和挖潜问题。工作研究起源于美国，从泰勒创立的科学管理中发展起来，是工业工程中最早、最基础、最广泛应用的一种作业优化基础技术。早在19世纪50年代，美国90%以上的企业就已经开始应用工作研究，应用工作研究后企业的生产效率可提高51%。当时对2 000名工业工程人员的调查表明，对企业做出贡献最大的是工作研究，其中50%的人认为是方法研究，40%的人认为是作业测定（即时间研究）。

2.2.1 工作研究的内容与范畴

1. 工作研究的内容

（1）工作研究的定义

工作研究是一种先进的管理方法，提倡"没有最好，只有更好"的理念。其作用是帮助企业提高工作效率，挖掘生产潜力，消除人力、物力、时间等方面的浪费。沙尔文迪在《工业工程手册》中指出"工业工程师必须运用工作研究技术制定出一套测定人的活动方法和标准，如果没有一套好的、稳定的、经得起考验的测定人活动的指标，则建立在这种度量基础上的任何系统都将遭到失败。"这是基于工业工程发展历史对工作研究作用的总结。实践表明，以工作研究为基础，工业工程的各项技术才能取得良好的效果。

工作研究是方法研究与时间研究的总称，方法研究又称工作衡量或作业测定。英国标准学会对工作研究的定义是"工作研究是一个涉及技术，尤其是方法研究与工作衡量的总称，用这些技术来考察人在所有情况下的工作，用这些技术使人们系统地调查所有影响所考察的情况的效率与经济的因素，以便求得改进。"方法研究和时间研究的关系密切，两者相辅相成，互相渗透。

（2）工作研究的范畴

工作研究既包括方法研究，也包括时间研究，方法研究的结果就是形成方法标准，时间研究的成果就是制定劳动定额，方法研究是时间研究的前提，时间研究是方法研究的评价依据。因为"时间是动作的影子"，时间是衡量工作方法优劣的主要尺度。这就是工作研究的范围，详见图2-2所示。

2. 工作研究的步骤

开展工作研究工作，一般包括以下几个步骤，如表2-1所示。

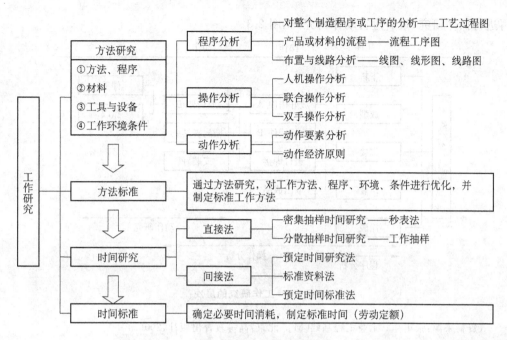

图 2-2 工作研究的范畴

表 2-1 工作研究的步骤

步　骤	工作内容
1. 选择研究对象，确定工作研究项目	用 ABC 分析法等方法进行研究对象的选择，原则是抓住重点，照顾一般
2. 进行实地观察，准确记录现状	运用流程图表等记录过程，用双手操作图记录操作，用线图记录人、机、工作的流动轨迹和现场布置，用人—机关系图记录人机结合的状态等
3. 分析记录资料，并提出改进方案	运用流程分析、操作分析、动作分析等方法对程序和方法进行分析，并提出改进方案
4. 评选最佳方案，计算标准时间	对提出的改进方案进行分析比较，从经济性、可行性、安全、管理等方面选择最佳方案，并测定、计算标准作业时间
5. 发布新标准	确定发布工作标准、时间标准
6. 新标准的实施与维护	贯彻实施新标准，跟踪维护、改进

3. 工作研究的层次

工作研究按照对象的范围大小可以分为不同的层次，有的分为两层（即流程分析和动作分析）；有的分为三层（即程序研究、操作研究和动作研究）；有的分为四层（即程序研究、工序研究、操作研究和动作研究）。国际通用的术语，只有流程分析和动作分析两个层次。我国制定的标准里，考虑从动作分析到流程分析跨越了工序，操作分析主要是以操作者为主围绕工序开展的分析。有了操作分析可以使整个流程分析由细到粗，前后容易衔接，所以分为三层，与日本规格协会的划分方式一致，即分为：程序研究、操作研究和动作研究三个层次。在进行方法研究时，要先从范围大的研究开始，即先进行程序研究；

再进行操作研究;最后进行动作研究,见图 2-3。

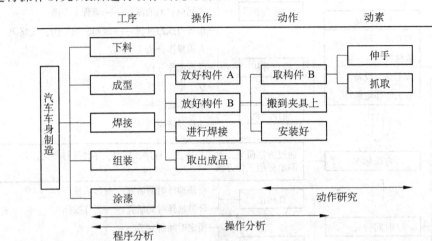

图 2-3 工作研究的层次

(资料来源:张正祥. 工业工程基础[M]. 北京:高等教育出版社,2006.)

4. 工作研究的方法

工作研究的最终目的就是为了找到最佳的工作方法,为此,必须对每一个工序或操作,都要从目的、原因、地点、时间、人员、方法六个方面提出问题进行考察。在提问时,必须按照改进工作的内在逻辑,遵循作业目的、作业原因、作业地点、作业时间、作业人员、作业方法的顺序,连续递进的提问,发现问题,提出改进方案。这种方法就是六何研究法(也称 5W1H 提问法),见表 2-2。

表 2-2 六何研究法

提问 六何	第一次提问 现状	第二次提问 为什么	第三次提问 能否改善	第四次提问 新方案
目的	做什么 What	是否必要	能否做别的	新对象
原因	为何做 Why	为什么要这样做	能否不做	新理由
地点	何地做 Where	为何此地做	能否别处做	新地点
时间	何时做 When	为何此时做	能否别时做	新时间
人员	何人做 Who	为何此人做	能否别人做	新人员
方法	何法做 How	为何此法做	能否别法做	新方法

在通过六何研究法找到问题并明确原因之后,就可以使用 ECRS 四大改进原则进行作业改进。

(1)取消(Eliminate)

取消也称删除,是通过对作业活动目的性考察和分析,将某项活动予以取消。取消不必要投资是工作改进的最高原则,效果最好。取消针对的是作业目的、原因提问中未能有满意答复的事项和工作环节中可以取消的作业、工序、操作、动作、闲置时间等。

(2)合并(Combine)

合并是通过对作业活动的工作地点、程序和人员等方面的考察和分析,将若干项作业活动予以合并,以达到简化工作和提高效率的目的。一般对无法取消的工序、操作、动作及作业环节,可以考虑通过合并达到省时的目的。

(3)重排(Rearrange)

在取消、合并后,重排主要是对作业程序进行考察,通过对工序、操作、动作顺序的改变提高效率。

(4)简化(Simple)

在取消、合并、重排后,采用最简单的方法、设备等达到省时、省人工、省费用的目的。
六何研究法与 ECRS 原则的结合见图 2-4。

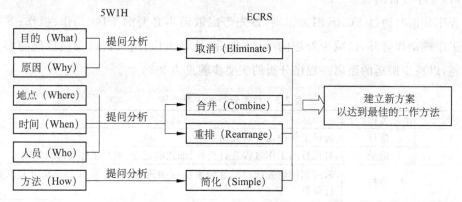

图 2-4　六何研究法与四大改进原则的结合

(资料来源:孔庆华,周娜. 工作研究基础与案例[M]. 北京:化工出版社,2009.)

2.3　程序分析方法与实例

2.3.1　程序分析方法

1. 程序分析的定义

任何人或任何一个机构办任何一件事都需要经过一定的程序,完成工作或事项所需经过的路线和手续即为程序。完成工作或事项的手续越多、路线越长,耗费的人力、物力、时间就越多。程序分析是将整个生产过程分解为各个工序,研究各工序是否合理、必要,从而改善工作程序和工作方法,达到提高效率的一种管理技术。

程序分析的对象主要包括三类:

- 过程分析,即对工作或事项的整个过程进行分析,一般使用工艺程序图。
- 物件流动分析,即对从原材料投入开始到生产出产成品为止的整个过程的产品或材料的流动进行分析,一般使用线路图。
- 操作人员的流动分析,对操作人员在作业现场的移动进行分析,一般采用人型流程程序图。

2. 程序分析的方法和步骤

(1)程序分析的步骤

程序分析时通过ECRS四大原则,首先考虑取消不必要的工序、动作、操作;其次将某些工序或动作合并,以减少处理的手续;最后,是将工作台、机器以及储运处的布置重新调整,以减少搬运的距离。程序分析的主要步骤见表2-3。

表2-3 程序分析的主要步骤

序号	名称	具体内容
1	选择	选择工作中需要研究的事项
2	记录	对现行的工作过程进行全面、细致的记录,根据工作实际绘制图表
3	分析	采用六何研究法对记录的事项逐项进行提问,采用ECRS四大原则进行分析
4	建立	形成新的方案,并进行评价、选择更经济、实用的方案
5	实施	将新方案付诸实施
6	维持	对新方案的实施进行跟踪、检查、维护

(2)程序分析的方法

在步骤2中,需要对现场工作进行记录,并绘制图表,为此,将工作流程分为五种基本活动,即操作(加工)、检验、搬运、等待和储存。为了便于分析,美国机械工程师学会规定了五种活动符号,见表2-4。

表2-4 程序分析常用符号

符号	名称	表示意义	举例
○	操作	也叫加工,表示一道工序或操作	车削、电镀、热处理等
□	检验	也叫运输,表示有意识地移动物料的位置	半成品入库检验,自检产品
⇒	搬运	对物料数量和质量的检验,包括计数、称量、测量、试验	人工搬运物件、传送带输送物料
D	等待	由于预定活动没有发生而造成物料的闲置	半成品等待检验等
▽	储存	表示物料在计划控制下的保存或停放	原材料存入仓库,文件存档

(3)程序分析相关图表

在进行程序分析时,经常使用的有工序程序图、流程程序图、路线图。如图 2-5、图 2-6、图 2-7 所示。

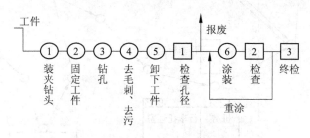

图 2-5　工序程序图(钻孔涂漆)

编号：										共　页　第　页		
工作部门：_____ 图号：_____ 工作名称：_____ 编号：_____ 开　始：_____ 结　束：_____ 研究者：_____ ___年___月___日 审阅者：_____ ___年___月___日							统　计　表					
							项　别		现行方法	改良方法	节省	
							操作次数：○					
							运送次数：⇨					
							检验次数：□					
							等待次数：D					
							储存次数：▽					
							运输距离：(m)					
							共需时间：(min)					
现行方法								改良方法				
步骤	情况				工作说明	距离/m	需时/min	改善要点				步骤	情况					工作说明	距离/m	需时/min
	操作	运送	检验	等待	存储				删	合并	排列	简化		操作	运送	检验	等待	储存			
	○	⇨	□	D	▽									○	⇨	□	D	▽			
	○	⇨	□	D	▽									○	⇨	□	D	▽			
	○	⇨	□	D	▽									○	⇨	□	D	▽			
	○	⇨	□	D	▽									○	⇨	□	D	▽			
	○	⇨	□	D	▽									○	⇨	□	D	▽			
	○	⇨	□	D	▽									○	⇨	□	D	▽			
	○	⇨	□	D	▽									○	⇨	□	D	▽			

图 2-6　流程程序图

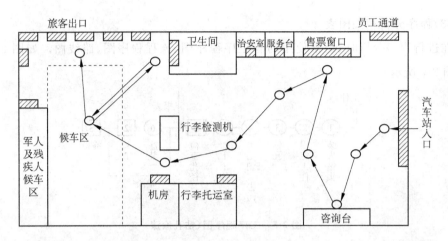

图 2-7 路线图(长途汽车站客流)

2.3.2 程序分析实例

1. 实例一:电路板开料车间的布局与工艺流程研究

(1)开料车间现状

改进前的开料车间布局及加工路线如图 2-8 所示。开料车间可分为以下工作区域,分别是:钢板存放区、停车区、待剪区、磨边区、清洗区、晾干区、待磨区、待洗区、边料存放区、两个废料区、总废料区和两个待出组区。其中,待剪区需要三个工人(一人将钢板放到剪切机上,另外两人将钢板对折好),磨边需要两人,一人放上钢板,一人将磨好的钢板取下,清洗也需要两人,一人放上钢板,一人将洗好的钢板取下。在制品在工作区域内的运输是通过人工手推车完成的。

改进前的工艺流程:取手推车→推到钢板存放区→检验钢板→装钢板→运至待剪区→卸下钢板→储存钢板→装上钢板→运至裁剪机旁→裁剪钢板→检验裁剪好的钢板→合格钢板运到待磨区→卸下钢板→储存钢板→装上钢板→运至磨边机旁→钢板磨边→检验磨好边的钢板→合格钢板运到待洗区→卸下钢板→储存钢板→装上钢板→运至清洗机旁→清洗钢板→晾干钢板→装上钢板→运至待出组区→卸下钢板→储存钢板。

通过以上分析,可以发现开料车间存在以下问题:

①车间布局不合理,运输距离长;

②在制品库存环节多;

③工艺流程步骤多。

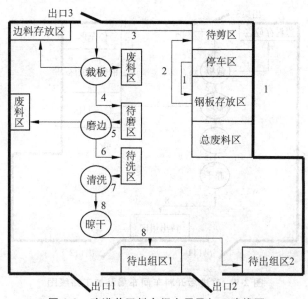

图 2-8 改进前开料车间布局及加工路线图

(2) 问题分析

针对以上问题,运用六何研究法和 ECRS 四大原则进行分析。

由于当前工作工人的工作基本处于满负荷状态,没有空闲时间,而且其操作动作简单,基本上就是拿起、放下,左右手的工作基本均衡,因此,改进的重点是如何减轻工作工人的疲劳,缩短运输距离。

改进的思路是:

① 首先是"取消":取消待剪区、待磨区和待清洗区,钢板直接从存放处或上道工序运到本道工序的机器旁,且不会影响工作效率;

② 其次是"合并":裁剪的废料区、磨边的废料区和总废料区合并,统一管理,释放空间;待出组区 1 和待出组区 2 合并。因为实地考察发现,两个待出组区的利用率都没有达到 100%,而且在做了大量改进后,待出组区的在制品只会越来越少。考虑到缩短运输距离,将合并后的待出组区放在原来待出组区 1 的位置。

改进后的工艺流程:取手推车→推到钢板存放区→检验钢板→装钢板→运至裁剪机旁→裁剪钢板→检验裁剪好的钢板→合格钢板运到磨边机旁→钢板磨边→检验磨好边的钢板→合格钢板运到清洗机旁→清洗钢板→晾干钢板→装上钢板→运至待出组区→卸下钢板→储存钢板,如图 2-9 所示。

(3) 改进效果评价

改进后,操作数量由 14 减少为 8,搬运次数由 8 次减少为 5 次,运输距离由 26m 缩短为 18m。在制品储存环节全部取消,仅留下待出组区的储存。详见图 2-10。

(资料来源:孔庆华、周娜. 工作研究基础与案例[M]. 北京:化工出版社,2009.)

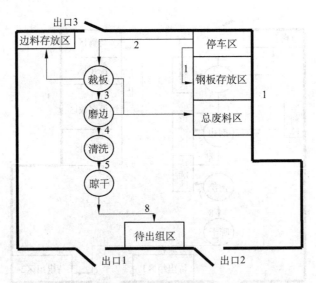

图 2-9 改进后开料车间布局及加工路线图

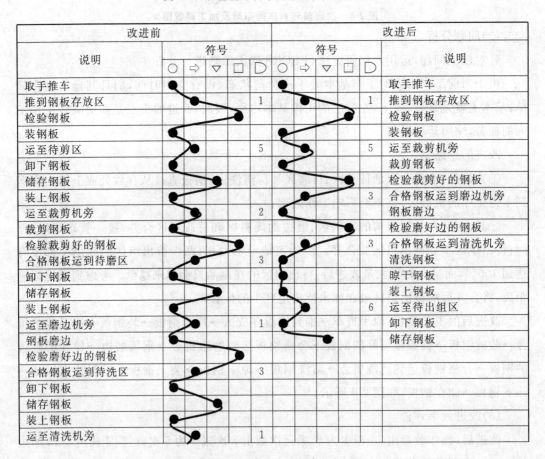

图 2-10 改进前后开料车间工艺流程对比

续表

说明	改进前 符号					改进后 符号					说明
	○	⇨	▽	□	D	○	⇨	▽	□	D	
清洗钢板											
晾干钢板											
装上钢板											
运至待出组区					10						
卸下钢板											
储存钢板											
总计	14	8	4	3	26	8	5	1	3	18	

图 2-10 （续）

2. 实例二：机加工车间的流程优化

某电机厂是生产洗衣机电机的专业厂，近年来虽然生产发展迅速，但厂内空间组织、平面布置问题突出，机械加工车间内的布局尤其存在不合理之处，主要表现为机械加工车间的多数设备没有按照产品生产过程的工艺路线布置。近年来，车间陆续增加了一些新设备，在安装时只顾方便和省力，而未考虑设备布置的合理性，结果造成生产和运输路线曲折、迂回、交叉、逆行，致使运输线路过长，通道堵塞，生产周期延长。

机加工车间的现行布置以及生产流程如图 2-11 所示。整个生产与运输线路为 91m，需搬运 10 次。

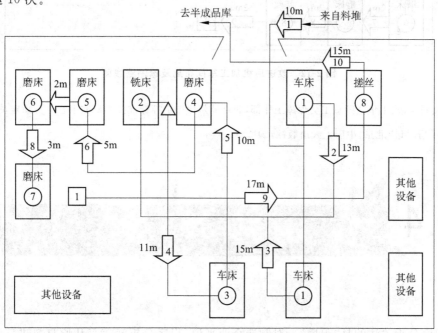

图 2-11 改进前机加工车间布局及运输路线图

3. 问题分析、提出新方案及改进效果

应用六何研究法,结合 ECRS 四个原则进行分析,提出新的方案见下图。经过分析,将设备按照工艺重新布置,调整流程,消除生产与运输路线中迂回、曲折、交叉和逆行,新的方案大大缩短了运输线路,运输距离从 91m 减少到 39m,缩短了 57%,占用厂房面积由 220m² 降低到约 180m²,节约了 40m² 的厂房面积,见图 2-12。

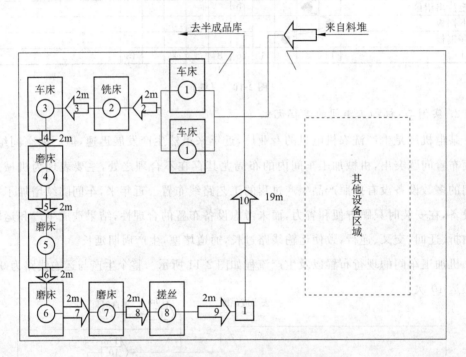

图 2-12 改进后机加工车间布局及运输路线图

(资料来源:中华全国总工会保障工作部,北京神州比杰定额标准技术研究中心. 劳动定员定额工作实用手册[M]. 北京:中国工人出版社,2012.)

2.4 操作分析方法与实例

程序分析关注的是"程序"。对制造企业来说,程序分析涵盖了从原材料进厂入库→领料→加工→装配→检验→产成品入库→销售发货→售后服务的全过程。与程序分析不同,操作分析研究的是工序的各个操作,关注的是人和机器的关系。

2.4.1　操作分析方法

1. 操作分析的定义

操作分析就是以生产流程或管理事务中各个作业事项为对象的分析技术,通过对操作活动结构的细致分析,提出科学合理的操作程序和方法。

操作分析是研究工作人员使用或者不使用机器的各个操作活动,目的是减少作业的工时消耗,以提高产品的质量和产量,操作分析可以分为人机操作分析、联合操作分析、双手操作分析。

人机操作分析是对人和机器的共同操作进行分析,针对的是一人一机或者一人多机的情形,目的是取消人和机器不必要的"待工"。

联合操作分析是研究多人联合的机械化作业,即几个工作人员操作一台机器或多台机器的情形,目的是消除人和机器作业过程中的时间浪费。

双手操作分析关注的是工作人员在操作时左右手的负荷是否平衡。

2. 操作分析步骤

操作分析大致可以参照以下步骤进行:

(1)准备工作。主要是了解生产状况、工艺流程、人和机器的情况和作业内容等情况。

(2)分析周期作业。绘制操作分析图表,分析一个周期的作业内容。

(3)统一作业时间。使人和机器的作业时间周期保持一致,以便减少人、机空闲时间。

(4)测算各步骤的时间。

(5)绘制操作分析图表。

(6)应用六何研究法和 ECRS 四大原则等进行分析讨论,制作改善方案。

(7)评价改善方案的实施效果。

(8)改善方案并实施标准化。

2.4.2　操作分析实例——在立式铣床上精铣铸铁件的平面

1. 精铣铸铁件操作现状

图 2-13 是在立式铣床上精铣铸铁件时人机操作的详细记录图。从图中可以看出,首先由操作者从"移开铣成件"直至"开动铣床"为止进行操作,耗时 1.2 分钟,之后铣床开动,进行铣削加工,耗时 0.8 分钟。在操作者操作期间,机器空闲;在铣床铣削期间,操作

者空闲。

工作部门		图号			统计项目	现行	改进	节省效果
产品名称	B239 铸件			人	周程时间(min)	2.0		
作业名称	精铣第二面				工作时间(min)	1.2		
机器名称	速度 V	进给量 f	铣削深度		空闲时间(min)	0.8		
4号立铣	80r/min	380mm/min			时间利用率(min)	60		
工人	年龄	技术等级	文化程度	机	周程时间(min)	2.0		
					工作时间(min)	1.2		
制表者		审定者			空闲时间(min)	0.8		
					时间利用率(min)	40		

人	时间(min)	机
移开铣成件，用压缩空气吹净铣成件	0.2	
在面板上用样板件 量铣成件深度	0.4	
铣去铣成件飞边，用压缩空气吹清洁	0.6	
将铣成件放入箱内，取待铣件	0.8	
以压缩空气清洁机器	1.0	
将待铣件装上夹头，开动铣床	1.2	
	1.4	
	1.6	
	1.8	
	2.0	

共同工作　　单独工作　　空闲

图 2-13　改进前的精铣铸铁件的人机操作图

2. 问题分析、提出新方案及改进效果

本例为人机操作分析，基本思路是尽量利用机器自动运行时间开展手工操作。运用六何研究法和 ECRS 四大原则进行分析讨论，提出解决方案、改进效果。见图 2-14。

工作部门		图号		统计项目	现行	改进	节省效果
产品名称		B239 铸件		人 周程时间(min)	2.0	1.36	0.64
作业名称		精铣第二面		工作时间(min)	1.2	1.12	0.08
机器名称	速度V	进给量f	铣削深度	空闲时间(min)	0.8	0.24	0.56
4号立铣	80r/min	380mm/min		时间利用率(min)	60	83	23
工人	年龄	技术等级	文化程度	机 周程时间(min)	2.0	1.36	0.64
				工作时间(min)	0.8	0.8	--
制表者		审定者		空闲时间(min)	1.2	0.56	0.64
				时间利用率(min)	40	59	19

改进前			改进后	
人	机	min	机	人
移开铣成件,用压缩空气吹净铣成件		0.2		移开铣成件
在面板上用样板件量铣成件深度		0.4		以压缩空气清洁机器,将待铣件装上夹头
铣去铣成件飞边,用压缩空气吹清洁		0.6		开动铣床
将铣成件放入箱内,取待铣件		0.8		以铣刀铣去铣成件飞边,用压缩空气吹清洁
以压缩空气清洁机器		1.0		在面板上用样板件量铣成件深度
将待铣件装上夹头,开动铣床		1.2		将铣成件放入箱内,取待铣件放在机器旁
		1.4		
		1.6		
		1.8		
		2.0		

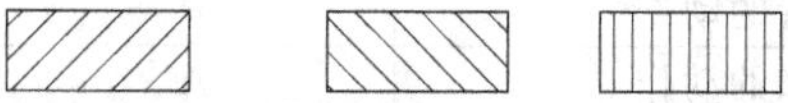

共同工作　　单独工作　　空闲

图 2-14　改进后的精铣铸铁件的人机操作图

(资料来源:张正祥. 工业工程基础[M]. 北京:高等教育出版社,2006.)

2.5 动作分析方法与实例

操作分析研究的是工序的各个操作,使用的方法就是ECRS四大原则。但是对于每个操作而言，其工作效果如何并未涉及，作为方法研究的最后一个层次，动作分析就是以人的手指、手腕、腿、脚、躯体在操作中的活动为研究对象，目的是使这些活动更合理，消耗时间更短。

2.5.1 动作分析方法

1. 动作分析的定义

动作分析是以操作或动作为对象，通过对动作内容进行详细的观察、记录和分析改进、降低劳动强度，实现操作方法的合理化。

与操作分析相比，动作分析研究的内容更加细小，是以操作过程中四肢、眼和身体部位的动作进行分析，目的是找出操作中不经济、不合理、不均衡的动作，并按照ECRS原则进行剔除、合并、重排、简化，以减少操作者的疲劳度，提高工作效率。

2. 动作要素

动作要素简称动素。动作分析的创始人吉尔布雷斯将人的动作进行了归纳，认为动作最终都是由17个动素组成的，见表2-5。

表2-5 动作分析常用符号

序号	名称	说明	字母符号
1	寻找 search	寻找目的物的动作	SH
2	选择 select	从许多目的物中挑选一件的动作	ST
3	握取 grasp	握住目的物的动作	G
4	移动 transport loaded	用手移动目的物的动作	TL
5	对准 position	为进行下一个动作而对准位置的动作	P
6	装配 assemble	将两个以上的目的物组合起来的动作	A
7	应用 use	借助于器具和设备进行的操作	U
8	拆卸 disassemble	分解两个以上目的物的动作	DA
9	检验 insppect	将目的物与规定标准进行比较的动作	I
10	预对 pre-position	转动目的物，调整到所示方向，如排齐、对好方向	PP
11	放手 release load	放下目的物的动作	RL
12	伸手 transport empty	空手接近或离开目的物的动作	TE
13	休息 rest	为消除疲劳，工作中短暂停歇	R
14	迟延 unavoidable delay	操作者不能控制的原因造成的延迟	UD
15	故延 avoidable delay	操作者可以避免的延迟	AD
16	计划 plan	操作中做出判断，理解后，决定下一步骤	PN
17	持住 hold	保持或支持目的物的动作	H

根据动素对作业活动的有益程度，可以将17个动素划分为有效动素、辅助动素和无效动素。

(1) 有效动素

进行工作需要的动素,这些动素进行重排就可以改变作业,经济化方法:简化、合并。有效动素包括:伸手、握取、移动、对准、应用、拆卸、装配、放手。

(2) 辅助动素

辅助第一类工作的动素,有时是必需的,但是有延迟第一类动素的倾向,尽量取消。辅助动素包括:选择、寻找、计划、预对、检验。

(3) 无效动素

对第一类工作无益的动素。无效动素包括:休息、延迟、故延、持住。

3. 动作经济原则

动作经济原则是实现动作经济合理,减轻作业疲劳,用以改善工作方法的原则。动作经济原则是吉尔布雷斯首创,经多位学者研究改进。巴恩斯(R. M. Barnes)将其归纳为 22 条。其包括身体使用、作业区布置、工具与设备有关的三个方面要素。

动作经济原则的宗旨是省时、省力、省事。

(1) 身体使用原则

① 双手的动作尽量同时开始、结束。

② 除正常的休息外,在同一时间内双手应尽量防止空闲。

③ 双手动作应尽量相反、对称并同时进行。

④ 手的动作应尽可能采用最低等级而得到满意的结果。

⑤ 尽量利用物体的动力和重力,如果需要人体肌肉力量制止时,则应将其减至最小的程度。

⑥ 采用连续的曲线运动要优于方向突变的直线运动。

⑦ 弹道式的抛物线运动较之受限制的运动来得轻快自如。

⑧ 动作应尽可能地运用轻快的自然节奏,因为轻快的自然节奏使动作流利及自发。

(2) 作业区布置应遵守的原则

① 工具、物料应固定放置地点,便于拿取。

② 工具物料及装置应布置在工作者前面近处。

③ 零件物料的供给,应尽量利用自身重力。

④ 坠落应尽量利用重力实现。

⑤ 工具物料应按最佳的工作顺序排列。

⑥ 配置适当的照明设备,使视觉舒适。

⑦ 工作台及座椅高度,应保证工作者坐立适宜。

⑧ 工作椅高度、宽度、式样应使工作者保持良好姿势并感到舒服。

(3) 作业工艺装备应遵守的原则

①尽量用双脚代替双手操作,如用脚踏板。

②经常使用的工具、量具尽量合并为一。

③工具物料应尽可能预放在工作位置上。

④手指分别工作时,各手指应按照其本能予以分配。

⑤设计手柄时,应尽可能增大与手的接触面。

⑥机器上的杠杆、手摇轮盘应安排在最适宜的位置,保证使用时省力、轻快、灵活。

2.5.2 动作分析实例——钻孔作业的动作分析

1. 钻孔作业现状

首先对作业现状用图表的方式进行记录。改进前钻孔作业的双手操作动素分析如表 2-6 所示。

表 2-6 改进前钻孔作业双手操作动素表

序号	左手		眼睛	右手	
	动作内容	字母符号		字母符号	动作内容
1	伸向工件	TE		TL	移动刷子
2	拿起工件	G		U	刷铁屑
3	移回定位槽	TL		TL	移动刷子至钻床把手
4	把工件定位到槽内	RL+P	I	G	抓住钻床把手
5	移动工件使之对正	P	I	H	把持不动
6	定位工件至刻度尺处	P	I	H	把持不动
7	把持工件	H		U	拉动钻床把手
8	把持工件	H		RL	松手
9	移动工件	TL		TL	将刷子移动至工件
10	定位工件至刻度尺处	P	I	U	刷铁屑
11	把持工件	H		TL	移动刷子至钻床把手
12	把持工件	H		G	抓住钻床把手
13	把持工件	H		U	拉动钻床把手
14	把工件放到完工零件箱	RL		RL	松手

其次,根据表 2-6 统计作业中每类动素的个数,见表 2-7。

表 2-7　改进前钻孔作业双手操作动素分类表

类别	序号	动素名称	字母符号	左手	眼睛	右手
有效动素	1	伸手	TE	1	—	0
	2	握取	G	1	—	2
	3	移动	TL	2	—	4
	4	对准	P	4	—	0
	5	应用	U	0	—	4
	6	拆卸	DA	0	—	0
	7	装配	I	0	—	0
	8	放手	RL	2	—	2
		小计		10		12
辅助动素	9	选择	ST	0	—	0
	10	寻找	SH	—	0	—
	11	预对	PP	0	—	0
	12	计划	PN	0	—	0
	13	检验	I	—	4	—
		小计		0	4	0
无效动素	14	休息	R	0	—	0
	15	迟延	UD	5	—	2
	16	故延	AD	0	—	0
	17	持住	H	0	—	0
		小计		5		2
		合计		15	4	14

2. 分析钻孔作业的问题

经分析，发现：

(1) 左手"移动"是由于放零件的台子与钻孔作业台存在高度差，如无高度差，则可以减少移动距离。

(2) 左手"持住"是因为需要用手进行定位，使用眼睛"检验"次数过多，是用于确定工件是否到达指定位置。如能设计夹具进行定位与固定，则同时可以解放眼睛与左手。

(3) 右手的"应用"有两次是刷铁屑，两次是拉钻床把手。如能设计自动刷铁屑将只需要工作人员将工件移动到机器上，并且刷铁屑和拉钻床把手耗时较少，大部分时间花在"对准"上，因此，"对准"是改善重点。

3. 钻孔作业的改进

根据分析情况，调整了放零件台子的高度，设计了新的夹具使零件能够一步到位实现"对准"，取消了使用眼睛进行的"检查"，设计了简易的刷铁屑机器。这样在钻孔时，工作人员只需要拿工件、放工件、在工件上钻孔等。改进后的双手操作动素见表 2-8、表 2-9。

表 2-8 改进后的钻孔作业双手操作动素表

序号	左手 动作内容	字母符号	眼睛	字母符号	右手 动作内容
1	空闲	UD		TE	伸手向工件
2	空闲	UD		G	拿取工件
3	空闲	UD		TL	移动到刷铁屑机器
4	空闲	UD		H	持住工件刷铁屑
5	空闲	UD		TL	移动到定位夹具
6	移动到钻床把手	TE		A	定位工件到夹具
7	拉动钻床把手钻孔	U		UD	空闲
8	松手	RL		DA	从夹具上卸下工件
9	空闲	UD		TL	移动到刷铁屑机器
10	空闲	UD		H	持住工件刷铁屑
11	空闲	UD		TL	移动到定位夹具
12	移动到钻床把手	TE		A	定位工件到夹具
13	拉动钻床把手钻孔	U		UD	空闲
14	松手	RL		DA	从夹具上卸下工件
15	把工件放到完工零件箱	RL		UD	空闲

表 2-9 改进后的钻孔作业双手操作动素分类表

类别	序号	动素名称	字母符号	左手	眼睛	右手
有效动素	1	伸手	TE	2	—	1
	2	握取	G	0	—	1
	3	移动	TL	0	—	4
	4	对准	P	0	—	0
	5	应用	U	2	—	0
	6	拆卸	DA	0	—	2
	7	装配	I	0	—	2
	8	放手	RL	3	—	0
		小计		7	—	10
辅助动素	9	选择	ST	0	—	0
	10	寻找	SH	—	0	—
	11	预对	PP	0	—	0
	12	计划	PN	0	—	0
	13	检验	I	0	0	0
		小计		0	0	0
无效动素	14	休息	R	0	—	0
	15	迟延	UD	8	—	3
	16	故延	AD	0	—	0
	17	持住	H	0	—	2
		小计		8	—	5
		合计		15	0	15

(资料来源:孔庆华,周娜. 工作研究基础与案例[M]. 北京:化工出版社,2009)

2.6 思考题

1. 什么是工作研究？工作研究的内容包括哪些？
2. 程序分析、操作分析和动作分析相互之间有什么联系与区别？
3. 什么是六何研究法？
4. 什么是 ECRS 四大原则？
5. 在进行方法研究时，如何将六何研究法与 ECRS 四大原则相结合？
6. 在程序分析运用 ECRS 四大原则时，应按怎样的次序应用四大原则？
7. 操作分析分为哪几种？这几种分析的作用有什么不同？
8. 请写出 17 个动素，并将其分为有效动素、无效动素和辅助动素。
9. 将动素分为有效动素、无效动素和辅助动素的依据是什么？

第 3 章
劳动定额的时间构成

通过本章的学习,要求掌握以下知识点:
- 明确劳动定额制定的要求与依据
- 掌握工时消耗的分类
- 掌握标准工时的结构

第 3 章

荧光定额的时间构成

案例3-1　学生的困惑

张相和李凯是桂林航天工业学院人力资源管理专业的学生,他们到 HL 企业开展劳动定员定额课程的第一次实践调研。

在向企业介绍了自己到企业进行劳动定额测评实践的来意后,经过车间主任推荐,在该车间中选定了 L 产品的精车工序进行劳动定额测评。

他们了解到 L 产品是大量生产。该工序由小王、小李、小赵三个人分别开三台同样的车床。在三个操作者中,张相和李凯以抓阄的方式随机挑选了小李作为观测对象。

经过三天的观察和记录,三天中,小李都来上班了,其中第一天生产了 250 件产品;第二天生产了 253 件产品;第三天生产了 271 件产品。

因为时间关系就没有继续观察。他们假设这三天的水平能代表小李的正常操作速度,并据此开始计算 L 产品的精车工序的劳动定额:平均每天的产量=(250+253+271)÷3=258 件/天。

因此他们得出结论:L 产品的精车工序的劳动定额(产量定额)为 258 件/工日。

尽管结果已经出来,但是,张相和李凯心里总感觉不踏实。

因为他们在观察中发现,小李总会比上班时间提前一点到,一来就开始工作。另外,三天中,有两天小李都被叫去开了约 30 分钟的质量分析会,而且,在下班前,小李经常会帮隔壁的工友填写原始记录,而工友也会帮他清扫工作地。

劳动定额的制定究竟有些什么要求?是不是所有的制度工作时间都包括在劳动定额时间之内?他们需要仔细思考。

案例中学生面临的问题并不罕见。在国内众多的企业中,绝大部分劳动定额员都是从其他专业、岗位转到劳动定额岗位的,很多人没有系统学习过劳动定额学的相关知识,在制定劳动定额时需要遵循的准则和要求同样是他们的困惑。

3.1　劳动定额的制定

3.1.1　劳动定额的制定要求

劳动定额是为企业管理服务的,所以对劳动定额的要求也是企业管理对劳动定额提出的要求。如前所述,劳动定额是企业编制计划、组织生产、开展经济核算、进行薪酬分配与建立和谐劳动关系的基础,劳动定额的制定必须保证这些工作的顺利进行。为此需要做到以下几个方面。

1. 平衡

案例 3-2 ZZ 公司的劳动定额修订

ZZ 公司创建于 20 世纪 30 年代,是一家具有悠久历史的制造企业。公司坚持以创新领跑未来,始终走在行业的最前列。公司高管对劳动定额工作非常重视。2012 年,公司领导在调研中发现,几乎所有部门都认为现行劳动定额脱离实际。主要原因有两个:(1)参照标准陈旧,参照标准大部分是 20 世纪 80 年代的。(2)在制定劳动定额的过程中,人为干预过多。为此,2013 年,公司拨专款为劳动定额标准建设工作立项。但是在项目推进过程中,遇到了很大的阻力。

首先是事业部、车间对劳动定额部门的工作极不配合,导致劳动定额部门无法收集到准确的劳动定额数据。为了解决这一问题,劳动定额部门借助其他部门开展优秀班组评比活动收集劳动定额数据——作为参评优秀班组的条件,每个班组必须提供本班组的劳动效率数据以便在班组之间进行横向比较,而这些数据必须是真实的、先进的。

其次是事业部抵制新劳动定额标准时间的实施。劳动定额部门根据班组提交的相关数据经整理后编制了新的劳动定额标准时间。但是在与事业部、车间协商时,却遭到普遍抵制。在沟通中,事业部、车间也并不怀疑本部门完成新的标准时间的能力,但是普遍担心部门间定额完成程度不同、标准执行不严而对本部门的利益产生负面影响。

案例中出现的情形,其实质就是劳动定额水平的平衡问题。诸多企业的实践表明,劳动定额水平的平衡问题已经成为企业推行劳动定额的最大的阻力来源之一。

企业劳动定额水平保持平衡是劳动定额工作顺利开展的基础。但是,在事业部之间、车间之间、班组之间、工序之间,如何判定其劳动定额水平是否平衡?显然对于同一产品、同一工序的生产是很容易判定的,但是对于不同产品、不同工序之间的比较则难度较大。所以,为了简化,企业一般就以劳动定额水平的松紧程度来判断,即将劳动定额时间定额与标准时间进行比较(方法详见第 1 章劳动定员定额水平),得出劳动定额的松紧程度。如果能在不同事业部、车间、班组、工序之间保持劳动定额的松紧程度基本一致,那么它们之间的薪酬差异就不会太大,进而表明它们的劳动定额水平是基本平衡的。这个结果也容易被各个部门接受。

2. "准、快、全"

(1) "准"

"准"是劳动定额制定的质量方面的要求。对于其准确与否的基本判断同样与劳动定额水平的判断基本相同,就是采用劳动定额水平指数。"准"也是在事业部之间、车间之间、班组之间、工序之间实现"平衡"的基础。

(2) "快"

"快"是劳动定额制定的时间方面的要求。无论是将劳动定额用于编制企业计划、组织生产,还是用于开展经济核算、进行薪酬分配,都需要按照企业的需要,在一定的时间节点上提供准确的劳动定额。

(3) "全"

"全"是劳动定额制定的范围方面的要求。劳动定额是进行绩效考核的基础。劳动定额覆盖面越宽,表明企业中责任具体、明确的人员比例越高,表明企业的管理精细化水平越高。

3.1.2 劳动定额的制定依据

1. 技术依据

在劳动定额的定义中,产品的生产、技术、组织条件都是影响时间消耗的主要因素。生产条件主要包括生产方式和生产批量。对企业而言,生产方式是确定的,而生产批量是变化的,生产批量对劳动定额的影响比较简单而且稳定,所以往往使用生产批量系数对劳动定额进行修订即可。而组织条件与生产批量相关,生产批量越大,往往其分工越细、专业化水平越高,其对劳动定额的影响也是相对稳定的。因此,在制定劳动定额时,一般不会将生产条件、组织条件作为制定的主要依据。技术条件涉及设备、工具、原材料、操作者技术水平等各方面,在生产过程中任何一个技术条件的变化都将导致劳动定额的变动,所以,技术条件是制定劳动定额的主要依据。

在机械制造企业制定劳动定额时,其主要的技术依据就体现在《工艺过程卡》和《工序卡》中。《工艺过程卡》决定了工序的划分与加工顺序,《工序卡》确定了工序加工的具体方法。在制定劳动定额之前,对生产过程进行优化,对《工艺过程卡》和《工序卡》的细化和标准化是一项重要基础性工作。

2. 标准依据

在确定了产品的加工工艺之后,一个重要的问题就摆在企业面前:企业的劳动定额所采用的劳动定额标准是自己制定还是参照已有的国家、行业标准?对绝大部分企业而言,并没有能力或精力自己制定本企业的标准,所以,必须选择参照标准,其中主要参照

行业标准。即使是企业选择自己制定标准,也需要遵循国家标准。需要遵循的通用标准包括:

《劳动定员定额术语》(GB/T14002—2008);

《工时消耗分类、代号和标准时间构成》(GB/T14163—2009);

《劳动定额测时法》(GB/T23859—2009);

《工作抽样方法》(GB/T21664—2008);

《劳动定员定额标准的结构和编写规则》(LD/T122—2004);

《标准化工作守则 第一部分:标准的结构和编写规则》(GB/T1.1—2009);

《体力劳动强度标准》(GB3869—1997);

《工业企业设计卫生标准》(GBZ1—2010);

《国家职业卫生标准》系列标准(GB Z2.2—2007)。

3. 政策法律依据

劳动定额产生于劳动过程中,在整个劳动过程中,生产条件、作业环境、设备工装等都会对操作者产生影响,有些甚至会对操作者身心健康产生不利影响。国家对劳动时间、劳动保护等已经制定了一系列的法律法规,包括《劳动合同法》、《妇女儿童保护法》等。这些都是制定劳动定额应当严格遵守的。

3.2 时间消耗的分类

案例3-3 谭工的困惑

JG研究所是一家兼顾生产与研发的研究所,研究所的产品比较特殊,不仅要在研究所内进行生产,还要根据用户需要派人到用户指定地点进行基础建设、安装、调试。2012年,研究所主要领导变更,新领导提出要在研究所内部开展劳动定额工作。谭工是一名从事工艺工作近三十年的高级工程师,被任命为劳动定额工作负责人。得益于多年的工艺技术工作经历,谭工对产品的工艺加工比较熟悉,对于制定研究所内生产产品的劳动定额比较得心应手。但是,对于外地作业部分劳动定额的制定,谭工就有些困惑。首先,在外地工作,本研究所的人员着急回家,平常加班加点赶进度。其次,在外地工作期间,一些工作需要与用户进行合作推进,但是一到周末,用户的工作人员就正常休息了。尽管不愿意,本研究所的工作人员只能在外地休息,等到星期一再上班。对于加班加点的时间和星期六、星期日等待的时间,究竟算不算定额时间?谭工感到很困惑。

案例中出现的问题,归根结底是对时间消耗如何进行分类的问题。

3.2.1 时间消耗分类体系

世界各国对时间消耗的分类大体相似但是又有区别。本书的时间消耗的分类、代号及相关定义,全部采用《工时消耗分类、代号和标准时间构成》(GB/T14163—2009)。时间消耗的分类见图 3-1。

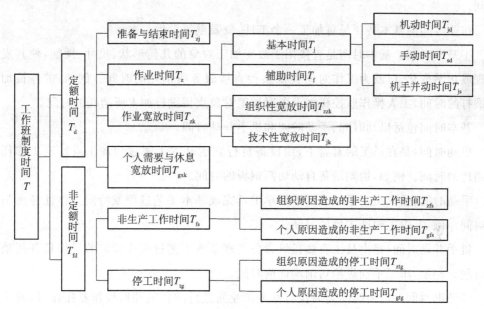

图 3-1 时间消耗分类体系图

1. 定额时间(T_d)

定额时间是员工为完成预定的生产或工作任务,直接和间接的全部工时消耗,包括准备与结束时间、作业时间、作业宽放时间和个人需要与休息宽放时间。

(1)准备与结束时间(T_{zj})

准备与结束时间是为加工一批产品、执行一项特定的工作任务事前准备和事后结束工作所消耗的时间。准备与结束时间发生在一批产品工序的开始与结束时。它和工作地更换有关,与一批工件的件数无关。

准备与结束时间的基本特征是每加工一批产品或完成一项工作任务仅出现一次。

例如：

- 熟悉新产品图纸、工艺，调整设备的时间。
- 准备专用工艺设备以及首件交检等消耗的时间。
- 一批产品或一项特定的任务结束，卸下工件并交回专用工艺设备以及成批交检的时间。
- 在数控加工设备上安装和调试加工程序的时间。

(2)作业时间(T_z)

作业时间是直接用于产品加工、完成生产或工作任务所消耗的时间。作业时间包括基本时间和辅助时间。作业时间是时间定额的主体，无论是基本作业时间还是辅助作业时间。

作业时间的基本特征是每加工一个工件，就要重复发生一次。

①基本时间。基本时间是直接用于改变加工对象的几何形状、尺寸、性能，使其发生物理或化学变化，以及为工作对象提供某种直接服务所消耗的时间。例如，锻件被加热和锻打的时间，工人操作监控机械设备对加工对象直接进行加工所消耗的时间。

基本时间包括机动时间、手动时间和机手并动时间。

机动时间：是在员工的看管下，由设备自行完成基本工艺过程加工或特定工作任务所消耗的时间。例如，切割设备自动切割钢板的时间。

手动时间：是由员工手动或借助简单工具完成基本工艺过程或特定工作任务所消耗的时间。例如，钳工锉削工件的时间。

机手并动时间：是由员工直接操纵设备实现基本工艺过程或特定的工作任务所消耗的时间。例如，车工手动进给切削端面的时间。

②辅助时间。辅助时间是为执行基本作业而进行的各项辅助性作业操作，以及为特定的工作对象提供某种间接性服务所消耗的时间。其包括装卸辅助时间、工步辅助时间和测量辅助时间。

(3)作业宽放时间(T_{zk})

作业宽放时间是员工在进行零件加工、作业操作或完成特定工作活动的过程中，因工作现场组织管理和技术工艺装备等方面的需要所发生的间接工时消耗。它包括组织性宽放时间和技术性宽放时间。

①组织性宽放时间(T_{zzk})：是因满足工作现场组织管理的需要所发生的间接工时消耗。组织性宽放时间一般是用于工作轮班开始和终结的准备活动和结束活动以及交接班活动所消耗的时间。组织性宽放时间用占整个工作轮班时间的比重计算最为准确。例如，换鞋、换工作服，召开班前会议，布置工作任务，检查劳动安全保护，上班后整理工

作现场、统计资料,设备加油、升温,下班前清扫工作地,擦拭设备的时间、工作中不可避免的中断等待时间(如清理切屑)等。

②技术性宽放时间(T_{jk}):是因技术工艺装备的需要所发生的间接工时消耗。它主要用于技术上的需要,为维护技术设备的正常工作状态,而用于照管工作地活动所消耗的时间。技术性宽放时间与作业时间中的基本时间成比例。例如,在作业过程中刃磨刀具,调整设备,设备例行检查的时间,在班前、班中、班后借还、擦洗、调整工艺设备的时间。

注意,如果是在工作班开始时刃磨刀具,因为这时视作进行加工前的准备,所以这部分时间是组织性宽放时间。如果在作业过程中刃磨刀具,是因为刀具经过一定批量产品的加工使用,刀具已经不能满足加工的技术需要,所以这部分时间是技术性宽放时间。

(4)个人需要与休息宽放时间(T_{gxk})

个人需要与休息宽放时间是工作班内满足员工个人生理需要,以及为消除过分紧张和疲劳所必需的间歇时间。它包括个人需要宽放时间和休息需要宽放时间。

①个人需要宽放时间,是指因解决员工个人生理需要所需要的间歇时间。个人需要宽放时间的绝对数相对固定,它与基本作业时间成比例。例如,洗手、擦汗、上洗手间等。

②休息需要宽放时间,是指为消除员工个人生理和心理疲劳所需要的间歇时间。休息需要宽放时间与劳动强度成正比,一般用占整个工作轮班时间的比重计算最准确。例如,战士站岗的时间和在操作普通车床的工人需要宽放时间就因劳动强度不一样而不同。

2. 非定额时间(T_{fd})

非定额时间是指员工在工作班内所发生的无效劳动和损失的时间。

(1)非生产工作时间(T_{fs})

非生产工作时间是指员工在工作班内做了非本职或不必要的工作所消耗的时间。按其产生的原因可以分为:组织原因造成的非生产工作时间和个人原因造成的非生产工作时间。

①组织原因造成的非生产工作时间(T_{zfs}),是指由于企业组织管理不善而损失的时间。例如,替别人工作,帮别人工作,寻找性工作,额外增加的工作,工人参加与生产无关的会议,生产废品、返修工件等。

②个人原因造成的非生产工作时间(T_{gfs}),是指由于员工本人原因和责任造成的非生产工作时间。

(2)停工时间(T_{tg})

停工时间,是指工作班内因企业组织管理不善或员工个人原因所损耗的时间。它包括组织原因造成的停工时间和个人原因造成的停工时间。

①组织原因造成的停工时间(T_{ztg}),指由于企业的生产组织和管理不善、生产技术方面的问题、企业外部原因等所造成的停工时间。例如,等待任务、等待指令、停水、停电、停气,设备、材料、工具原因造成的停工时间。

②个人原因造成的停工时间(T_{gtg}),是指由于员工对工作处理不当或技术熟练程度不够,以及其他个人的原因而损失的时间。

3.2.2 时间消耗分类的意义

案例 3-4 李师傅的时间消耗是否正常?

朱名章是桂林航天工业学院 2011 级学生,他是劳动定额实践小组一组的组长。2013 年 5 月,他带队到五福机械公司进行劳动定额实践。在去企业之前,他组织全部组员讨论制订了详细的实践计划,并对所有组员进行了分工。其中组员黄永娟负责写实与测时。通过初步观察,黄永娟收集到操作工人李师傅的工作时间的数据(部分见表 3-1)。现在,黄永娟面临的问题是:如何评判李师傅的时间消耗是否正常?

表 3-1 李师傅的时间消耗

序号	操作内容	延续时间	序号	操作内容	延续时间
1	上厕所	8 分钟	7	抽烟	5 分钟
2	接受任务、熟悉图纸	5 分钟	8	测量尺寸	1 分钟
3	领工夹量具	10 分钟	9	卸下工件	1 分钟
4	刃磨车刀	25 分钟	10	油石打光车刀	5 分钟
5	安装工件	2 分钟	11	安装工件	2 分钟
6	操纵机床	20 分钟	12	与师傅聊天	16 分钟

案例 3-4 揭示了对时间消耗进行分类的意义所在。在进行时间消耗分类之前,所有时间都混杂在一起,在分析时让人感觉没有头绪,没有经验的劳动定额人员更是如此。对时间消耗进行分类,一是为了了解时间消耗的结构;二是为了研究、改进时间消耗的结构,为设计时间规范、制定劳动定额提供依据。

设计时间规范,改进时间消耗结构的目标是"一长、二短、三适当、四必要、五消灭"。见图 3-2。

(1)"一长"

"一长"是指作业时间特别是基本作业时间要长,其在工作轮班时间中所占的比例要大。因为在绝大部分情况下,作业时间越长,产量越大。

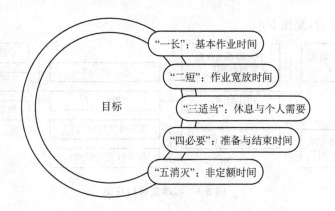

图 3-2　设计时间规范，改进时间消耗结构的目标

(2)"二短"

"二短"是指作业宽放时间要短。通常作业宽放时间是以作业宽放率(作业宽放时间占作业时间的比率)出现的，因此，这事实上就是要求作业宽放率要小。

(3)"适当"

"适当"是指个人需要与休息时间要适当，要能够满足工作人员个人生理需要和消除疲劳的需要。

(4)"必要"

"必要"是指准备与结束时间是必要的。所谓磨刀不误砍柴工，在加工之前认真研读图纸，熟悉工艺，以及在完工之后的收尾工作都是必不可少的。

(5)"消灭"

"消灭"，对于非定额时间要坚决消灭。因为这些都是"不能卖钱的时间"。

3.3　标准工时及其构成

3.3.1　标准工时

根据《工时消耗分类、代号和标准时间构成》(GB/T14163—2009)的定义：

标准工时是指具有平均熟练程度的操作者，在标准作业条件和环境下，以正常的作业速度和标准的程序方法，完成某一作业所必需的总时间。它等于正常作业时间加上各类宽放时间的综合,见图 3-3。

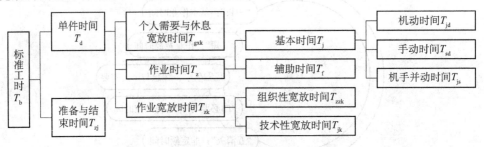

图 3-3 标准工时构成图

3.3.2 标准工时的构成

1. 单件时间的计算

(1)大批、大量生产条件下单件时间的计算

按照标准工时的构成,标准时间包括单件时间和准备与结束时间。单件时间包括个人需要与休息宽放时间、作业时间和作业宽放时间。

$$T_d = T_z + T_{zk} + T_{gxk} \tag{3-1}$$

式中:T_d——单件时间

T_z——作业时间

T_{zk}——作业宽放时间

T_{gxk}——个人需要与休息宽放时间

以上公式的应用范围仅限于大量、大批生产情形。因为定额时间除了包括单件时间(含个人需要与休息宽放时间、作业时间和作业宽放时间)外,还应该包括准备与结束时间。因为只有在大量、大批生产条件下,分摊到每件产品的准备与结束时间才可以忽略不计。

因为作业宽放时间、个人需要与休息宽放时间都直接或间接的与作业时间存在一定的比例关系,所以作业宽放时间和个人需要与休息宽放时间常用作业宽放率(作业宽放时间占作业时间的比率,代号 k_{zk})、个人需要与休息宽放率(个人需要与休息宽放时间占作业时间的比率,代号 k_{gxk})表示。因此,公式(3-1)就转变为公式(3-2)。

$$T_d = T_z + T_{zk} + T_{gxk} = T_z(1 + k_{zk} + k_{gxk}) \tag{3-2}$$

式中:k_{zk}——作业宽放率

k_{gxk}——个人需要与休息宽放率

其他代号的意义见公式 3-1。

(2) 单件、小批、中批生产条件下单件时间的计算

在大批大量生产条件下，可以忽略准备与结束时间的影响，如果是单件、小批、中批生产，则需要考虑准备与结束时间的影响，假定批量为 N_p，完成一批产品的准备与结束时间为 T_{zj}，那么，单件、小批、中批生产的单件工时计算公式为：

$$T_d = T_z + T_{zk} + T_{gxk} + \frac{T_{zj}}{N_p} \tag{3-3}$$

式中：T_d——单件时间

T_z——作业时间

T_{zk}——作业宽放时间

T_{gxk}——个人需要与休息宽放时间

T_{zj}——准备与结束时间

N_p——生产批量（单件生产则 N_p 的值为 1）

2. 批量产品总标准工时的计算

批量产品总标准工时的计算实际上就是在单件时间的基础上考虑生产批量：

$$\begin{aligned} T_p &= \left(T_z + T_{zk} + T_{gxk} + \frac{T_{zj}}{N_p}\right) \times N_p = (T_z + T_{zk} + T_{gxk}) \times N_p + T_{zj} \\ &= T_d \times N_p + T_{zj} \end{aligned} \tag{3-4}$$

因为作业宽放时间、个人需要与休息宽放时间都直接或间接的与作业时间存在一定的比例关系。而作业时间的特点是每加工一个工件，就要重复发生一次。所以，作业宽放时间和个人需要与休息宽放时间也就与加工工件的数量相关。

3.4 思考题

1. 什么是定额时间？什么是时间定额？如何区别两者？
2. 工作轮班时间如何分类？
3. 什么是标准工时？什么是工时定额？它们之间有什么异同？
4. 为什么在大批、大量生产条件下的单件工时只有作业时间、作业宽放时间和个人需要与休息宽放时间？
5. 思考下列行为所消耗的时间是属于工时消耗分类中的哪类时间（细分到图 3-1 中

的第四列)?

(1)操纵机床加工;

(2)加工过程中清理切屑;

(3)机床故障后等待修理;

(4)加工过程中操作者测量工件尺寸;

(5)与班组长讨论如何改进加工方法;

(6)安装工件;

(7)抽烟;

(8)提前下班;

(9)等待毛坯;

(10)寻找检验员;

(11)下班前清理工作台面的铁屑;

(12)上班前换工作服;

(13)开始生产前班组开质量分析会;

(14)帮工友登记当前生产的原始记录;

(15)生产过程中刃磨刀具;

(16)将当天完成的全部产品送检。

6. 工时结构调整的目标是什么?

第 4 章
劳动定额的方法体系

教学目的

通过本章的学习,要求掌握以下知识点:
- 掌握劳动定额制定方法的体系构成
- 了解各种劳动定额方法的基本原理
- 掌握回归分析法和学习曲线法

第4章

芭蕉叶的定形方法体系

案例 4-1 实际消耗时间为什么会变化?

小王是桂林航天工业学院人力资源管理专业在校生,他与几个同学到桂林的一家企业进行劳动定额调研。

经企业允许,在调研过程中,他们搜集了企业多年的劳动定额标准。回到学校后进行了对比分析。小王发现,尽管企业的设备大都进行了更新,但是也有一些设备二十年来都没有太多的变化,如C620等车床。按照小王的理解,如果生产技术组织条件未发生变更,那么企业的劳动定额也不会变化。但是企业的劳动定额标准显然不是这样的,他追踪了其中某一个产品的生产技术组织条件未发生大的变化的几道工序,发现最初的劳动定额和当前的劳动定额相差甚远,表现出不断降低的趋势。

小王有一些疑惑,这种情况是不是与劳动定额的定义不相符呢?

案例中所提及的情形,对大多数企业来说都不陌生。事实上,这就是劳动定额方法中的熟练曲线法或称学习曲线法。劳动定额制定的方法很多,业界和学界从未停止过对劳动定额方法的研究,并从不同的角度对劳动定额方法进行了归类。

4.1 劳动定额方法的种类

4.1.1 劳动定额制定方法的体系构成

劳动定额的制定方法种类很多,传统分类体系将劳动定额制定方法分为经验估工法、统计分析法、类推比较法、技术定额法四种,现代分类体系则将其分为两大类:作业推定类、作业测定类,如表4-1所示。

表 4-1 劳动定额制定方法新旧体系对比表

传统分类体系		现代分类体系	
1. 经验估工法	经验估计	作业推定类	概率估工法
2. 统计分析法	算术平均		统计分析法
3. 类推比较法	依据多源于经验估工或统计数据		典型定额法(典型推算法、类推比较法)
			回归分析法
			熟练曲线法(学习曲线法)

续表

传统分类体系			现代分类体系		
4. 技术定额法	技术测定法	秒表测时法	作业测定类	1. 直接测定法	秒表测时法
		工作日写实			工作日写实
					工作抽样法
					工时评定法
	技术计算法			2. 间接测定法	时间系数法
					方法时间衡量法
					工作因素法
					模特排时法
					简易资料标准法
					MTM—UAS法

4.1.2 制定劳动定额的方法

《中国劳动定员定额大典》对 15 种基本劳动定额的制定方法进行了详细介绍,下面对概率估工法、统计分析法、典型定额法、秒表测时法、工作日写实法、工时抽样法、时间系数法、回归分析法、熟练曲线法、效率评定法、方法时间衡量法、工作因素法、模特排时法、简易资料标准法、MTM—UAS法 15 种方法进行简单概述。

1. 概率估工法

(1)概率估工法的定义

概率估工法又称三点估算法,是在已知资料不足时,定额人员可预先对工序作业完工时间做出先进、落后、最有把握三种估计,最后通过计算加权算术平均值来确定作业时间的一种方法。

(2)概率估工法的基本原理

概率估工法的基本原理是:对于未知的劳动定额,其计算公式为

$$T = M + \lambda\sigma \tag{4-1}$$

式中:M——平均工时

λ——概率系数

σ——标准差

①平均工时 M 可以用三个时间值进行估算。

$$M = \frac{a + 4c + b}{6} \tag{4-2}$$

式中:M——平均工时

a——完成工作的最快时间估计值

b——完成工作的最慢时间估计值

c——最可能完成工作的时间估计值

说明:本例是一种加权算术平均值的算法,即将 a、b 的权重定为 1,c 的权重定为 4。

②标准差 σ 的计算公式为

$$\sigma = +\sqrt{\left(\frac{b-a}{6}\right)^2} = \left|\frac{b-a}{6}\right| \tag{4-3}$$

③概率系数 λ 可以根据事先设定的劳动定额完成人数比例 $P(\lambda)$,查表 4-2 确定。

表 4-2　λ 值与 $P(\lambda)$ 之间的关系表

λ	$P(\lambda)$	λ	$P(\lambda)$	λ	$P(\lambda)$	λ	$P(\lambda)$
−0.0	0.50	−1.3	0.10	0.0	0.50	1.3	0.90
−0.1	0.46	−1.4	0.08	0.1	0.54	1.4	0.92
−0.2	0.42	−1.5	0.07	0.2	0.58	1.5	0.93
−0.3	0.38	−1.6	0.05	0.3	0.62	1.6	0.95
−0.4	0.34	−1.7	0.04	0.4	0.66	1.7	0.96
−0.5	0.31	−1.8	0.04	0.5	0.69	1.8	0.96
−0.6	0.27	−1.9	0.03	0.6	0.73	1.9	0.97
−0.7	0.24	−2.0	0.02	0.7	0.76	2.0	0.98
−0.8	0.21	−2.1	0.02	0.8	0.79	2.1	0.98
−0.9	0.18	−2.2	0.01	0.9	0.82	2.2	0.99
−1.0	0.16	−2.3	0.01	1.0	0.84	2.3	0.99
−1.1	0.14	−2.4	0.01	1.1	0.86	2.4	0.99
−1.2	0.12	−2.5	0.01	1.2	0.88	2.5	0.99

例如,事先设定劳动定额的目标是 76% 的人能完成,那么根据表 4-2,可查知 $\lambda=0.7$。

2. 统计分析法

(1)统计分析法的定义

统计分析法是根据以往生产相同或相似产品工序工时消耗的统计资料,经过整理汇总和分析计算确定定额的方法。

统计分析法主要适用于大量大批生产或成批生产的企业,要求产品较稳定,原始记录和统计资料较全。

统计分析法的优点是根据历史数据制定劳动定额容易被接受。缺点是容易受实际消耗时间统计资料质量的影响。

(2)统计分析法的具体方法

①简单算术平均法,计算公式为

$$M = \frac{\sum_{i=1}^{n} X_i}{n} \tag{4-4}$$

式中：M——算术平均值

n——数值的项数

X_i——数列中的各项数值

②加权算术平均法，计算公式为

$$M = \frac{\sum_{i=1}^{n} X_i f_i}{\sum_{i=1}^{n} f_i} \tag{4-5}$$

式中：f_i——各组出现的次数。

③先进平均数。主要有三种：一是平均数与最先进数的平均法；二是平均数与先进部分数（比平均数先进的那部分数）平均法；三是两次平均法：平均数与先进部分数的均值再平均。

3. 典型定额法

(1) 典型定额法的定义

典型定额法是根据过去同类型、相似或相同零件、工序的工时标准及其生产技术组织条件来推理确定劳动定额标准的一种技术。

(2) 制定典型定额的要求

①先进性。先进性就是要求制定的劳动定额标准具有先进合理的水平。

②精确性。大量、大批生产的最大允许误差为±5%；中批生产的最大允许误差为±10%；单件小批生产的最大允许误差为±15%。

③科学性。科学性就是要求在制定劳动定额时要有充分的技术依据，能够客观反映工时消耗变化的规律性。

④全面性。全面性是对劳动定额范围的要求。

4. 秒表测时法

秒表测时法又称测时法，就是以工序作业时间为对象，在工作地上进行反复观察和测量时间的技术，测时结果主要用于确定工序作业的标准时间与合理的工序结构。

5. 工作日写实法

工作日写实是指员工将整个工作班的时间利用情况，按发生的时间顺序进行记录分析的一种技术，由此可以发现工作时间的浪费与损失，掌握工作改善的难点与重点。

工作日写实分为个人工作日写实、工组工作日写实、多设备工作日写实、自我工作日写实、特殊工作日写实。

对个人的记录方法有数字记录法、图表记录法和混合记录法三种。

6. 工作抽样法

工作抽样法是按照随机原则从全部研究对象中抽取部分对象进行观测，根据抽样结果运用概率原理对全部研究对象的数量特征作出具有一定可靠度和精度的估计和推断。

如果抽样对象是工时，工作抽样又称为工时抽样。

工时抽样法是按照随机原则对报告期的实际消耗时间进行抽样调查和抽样推断的方法。

7. 时间系数法

(1) 时间系数法的定义

时间系数法是指根据各种不同的工作对象，分析其操作、加工过程中影响劳动定额时间消耗的多因素，较高度地综合为单因素，运用数学函数关系，列出简单的数学模型，计算出单位消耗时间系数及有关的各种调整系数，用电子计算机制定定额的方法。

(2) 时间系数法的原理

时间系数法的基本原理如下。

①在分析各种影响劳动定额时间消耗因素的基础上，制定先进的工艺过程、操作方法，通过生产实际或切削实验进行作业研究，从中选择先进合理的切削用量。

②对工时消耗进行科学分析，确定生产过程中作业宽放、个人需要与休息宽放时间。

③确定与工步加工尺寸有关的辅助时间占作业轮班时间的百分比（K 值），计算单位消耗时间系数的计算公式，按典型设备的工作内容，分别计算出各工步加工有关直径的单位消耗时间系数 X 值。

④用时间系数 X 值乘以所要加工的长度 L 值，加上与工步加工尺寸无关的辅助时间 b 值，得出工步作业时间，再加上装卸工件时间，得出单件时间定额。

8. 回归分析法

(1) 回归分析法的定义

回归分析法就是以时间消耗的影响因素为自变量，以单位产品实际消耗时间为因变量，建立回归方程计算执行期劳动定额的方法。

(2) 回归分析法的主要步骤

①收集影响因素、工时消耗的原始资料；

②判断影响因素与工时消耗之间的相关关系；

③建立时间定额标准的数学模型。

9. 熟练曲线法

(1) 熟练曲线法的定义

熟练曲线又称学习曲线、熟练模式。熟练曲线就是根据在产品生产过程中操作者的操作熟练规律——学习曲线原理,制定劳动定额的方法。

(2)熟练曲线法的主要影响因素

熟练曲线法是回归分析法的一种特例。其实质是将熟练程度作为自变量,以单位产品实际消耗时间为因变量。所以,关键是寻找影响因素。熟练曲线法的主要影响因素包括:

①生产工艺水平;

②产品结构的复杂程度;

③生产组织管理水平;

④操作者素质状况;

⑤生产批量大小。

10. 效率评定法

效率评定法又称工时评定法或作业评定法,就是在估工、统计、写实、抽样等工时分析的基础上,按照一定的评定标准,对作业进行评定,获得劳动效率评定系数,将获得的实际消耗时间值调整为正常情况下所必须消耗的时间,并以此作为未来执行期劳动定额的方法。

效率评定法包括速度评定法、系数评定法、点数法、速度系数法等。

11. 方法时间衡量法

方法时间衡量法(Methods Time Measurement,MTM)是由美国工作方法工程协会,遵循泰勒与吉尔布雷斯的研究思路,逐渐发展起来的一种操作时间衡量技术。MTM 的时间数据是以 16mm 的摄影机,用每秒 16 框的速度,对所需研究的动作进行摄影,然后根据胶片的框数,取其平均值作为该动作的基本时间。

方法时间衡量的定义是:把手动操作分解为所需要的基本动作的程序或方法,并根据动作的性质和实际动作条件,为每一个动作确定预定的时间标准。

12. 工作因素法

工作因素法(Work Factor,WF 法)是将每个动作分割成最基本的工作单元,应用摄影机等工具作精确地测定而获得的动作因素时间表。

工作因素法体系将影响手工动作的时间因素分为四个:使用身体的部位、运动距离、重力与阻力、人力控制因素。

13. 模特排时法

模特排时法(Modular Arrangement of Predetermined Time Standards,MODAPTS)是预定动作时间标准法的一种,它是事先把作业分解为基本动作,并制定这些基本动作的时间值后列表备查。在制定工时定额时,根据完成作业实际需要的标准条件,从预先制定出的各种标准动作的时间标准中,查得作业时间值,加以宽放,最后得到劳动定额的方法。

14. 简易资料标准法

简易资料标准法根据方法时间衡量法简化而来。简易资料的动作时间单位为TMU,每个TMU等于0.036秒。

它将动作分为运空、运物、握取、放物、对准、拆卸、足部动作、腿部动作、横向移一步、弯腰或弯膝盖及起身动作、双膝跪地跪倒和起身动作、坐立坐下、转身、步行、旋转、加压、眼睛动作、书写、阅读等动作,并给出了每种动作的时间值或时间计算方法。

15. MTM—UAS 法

MTM—UAS法与WF法、模特排时法一样都属于预定动作时间系统。MTM—UAS法是通过组合MTM—1基本方法中的动作单元发展起来的,属于MTM—3等级,与MTM—1相比只含有很少的动作单元,略去了不太重要的影响值。

MTM—UAS分析系统将操作划分为七个基本动作:拿取与放置、放置、辅助工具、操作、循环动作、身体动作、目控。影响这些基本动作的时间消耗的因素主要是动作幅度和物件重量。

4.2 作业推定类方法

作业推定类劳动定额的制定方法主要包括概率估工法、统计分析法、典型定额法、回归分析法、熟练曲线法五种方法。概率估工法和统计分析法比较简单,典型定额法本质就是回归分析的应用,所以,下面主要介绍回归分析法和熟练曲线法。

4.2.1 回归分析法

回归分析法就是以时间消耗的影响因素为自变量,以单位产品实际消耗时间为因变量,建立回归方程计算执行期劳动定额的方法。

1. 两个基本概念:函数关系、相关关系

(1)函数关系

函数关系是一种确定性关系,是指事物之间的数量关系是固定不变的,可以用恒等式表达,能用加、减、乘、除直接计算。例如,圆周周长与半径的关系是一种确定的关系,可以用函数表达为:$L=2\pi R$。

(2)相关关系

相关关系是一种不确定性关系,是指事物之间的数量关系是不固定的,不能由几个变量的数值精确地求出另一个变量的数值,但是变量之间存在着密切关系。例如,钳工刮削工件表面的时间消耗与刮削面积相关,刮削面积越大,消耗的时间越长,所以是一种正相关关系。

2. 回归分析法的步骤

回归分析法的步骤如图4-1所示。

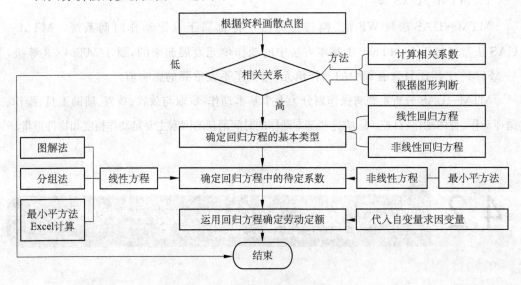

图4-1 回归分析法的步骤

(1)相关系数的计算

相关系数的计算公式如下:

$$r = \frac{\sum(x-\bar{x})(t-\bar{t})}{\sqrt{\sum(x-\bar{x})^2 \sum(t-\bar{t})^2}} \tag{4-6}$$

式中:r——相关系数

　　　x——自变量

　　　$\bar{x}$——自变量的平均值

　　　t——实际消耗时间

　　　$\bar{t}$——实际消耗时间的平均值

相关系数的意义:r的值越接近1,说明工时消耗与影响因素之间的相关关系越强。r

为正值,表明两者之间关系为正相关;r 为负值,则表明两者之间关系为负相关。其判定的一般经验为:

$|r|$ 越接近 0,相关越弱,等于 0 则不相关;

$|r|=0.0\sim0.3$,微弱相关;

$|r|=0.3\sim0.5$,低度相关;

$|r|=0.5\sim0.8$,明显相关;

$|r|=0.8\sim1.0$,高度相关,等于 1 则完全相关。

(2)回归方程的种类

①线性回归方程

如果回归线为直线,则是线性回归方程。线性回归方程包括单因素线性回归和多因素线性回归。单因素线性回归是指时间消耗的影响因素只有一个的数学模型。多因素线性回归是指时间消耗的影响因素包含多个的线性回归。

②非线性回归方程

如果回归线为曲线,则是非线性回归。常见的非线性回归模型包括:二次函数 $T=a+bx+cx^2$,不完全二次函数 $T=kx^2+b$ 或 $T=kx^2$,高次函数 $T=kx^n$,幂函数 $T=ax^b$,指数函数 $T=ae^{bx}$。

3.回归分析法的应用实例

【例 4-1】 单因素线性回归

在车床装卸工件时,消耗时间的主要影响因素是重量,现收集到工时消耗和工件重量的有关数据如表 4-3 所示,求装卸工件的回归方程。

表 4-3 车床装卸工件的时间消耗表

工件重量(kg)	0.5	1.0	2.0	3.0	4.0	5.0	7.0	9.0	11.0	13.0	15.0
装卸时间(min)	1.00	1.25	1.35	1.50	1.70	1.80	2.00	2.20	2.50	2.80	3.00
序号	1	2	3	4	5	6	7	8	9	10	11

解:

方法一:采用分组法求解

因为表中收集了 11 对数据,将其分为两组,要使两组数据个数相同,需要取消一对数据,将(15.0,3.00)取消。根据数据判定,本例时间消耗与重量之间的关系为一元线性回归方程,其表达式为

$$T=kx+b \tag{4-7}$$

分组方法:序号为奇数的分为一组,序号为偶数的分为一组,并将数据代入公式(4-7),构建出两个方程组:

奇数列　　　　　　偶数列

$$\begin{cases}1.00=0.5k+b\\1.35=2.0k+b\\1.70=4.0k+b\\2.00=7.0k+b\\2.50=11.0k+b\end{cases}\qquad\begin{cases}1.25=1.0k+b\\1.50=3.0k+b\\1.80=5.0k+b\\2.20=9.0k+b\\2.80=13.0k+b\end{cases}$$

把以上两组方程分别相加，得到由两个总方程组成的方程组：

$$\begin{cases}8.55=24.5k+5b & (4\text{-}8)\\9.55=31.0k+5b & (4\text{-}9)\end{cases}$$

式(4-9)减式(4-8)得 $1=6.5k$　　$k=0.1538$

将 $k=0.1538$ 代入式(4-8)　　$b=0.96$

则车床装卸工件的时间消耗回归方程为 $T=0.1538x+0.96$

方法二：采用 Excel 求解

第一步：将表 4-3 的数据复制到 Excel，如图 4-2 所示。

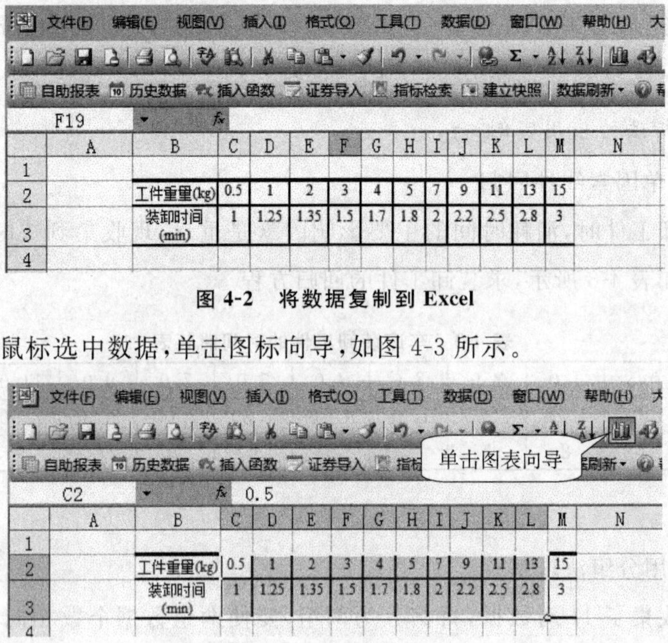

图 4-2　将数据复制到 Excel

第二步：用鼠标选中数据，单击图标向导，如图 4-3 所示。

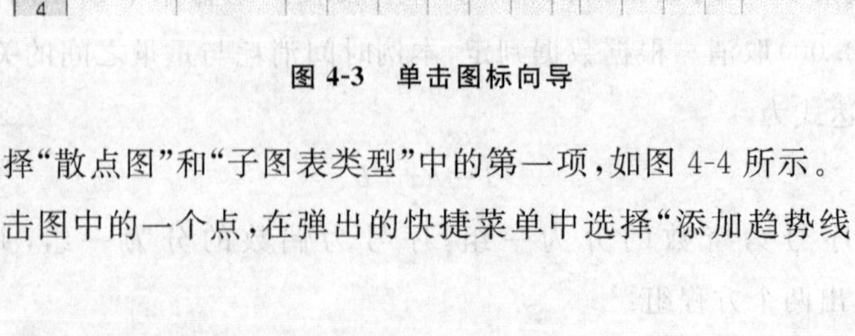

图 4-3　单击图标向导

第三步：选择“散点图”和“子图表类型”中的第一项，如图 4-4 所示。

第四步：右击图中的一个点，在弹出的快捷菜单中选择“添加趋势线”命令，如图 4-5 所示。

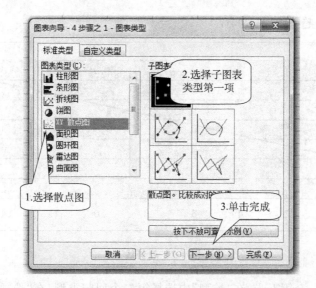

图 4-4 选择散点图和子图表类型

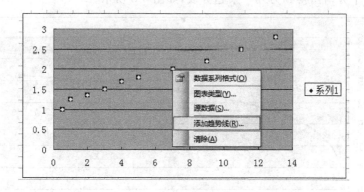

图 4-5 选择"添加趋势线"

第五步：选择"类型"第一项，在"选项"中勾选"显示公式"、"显示 R 平方值"，如图 4-6 所示。

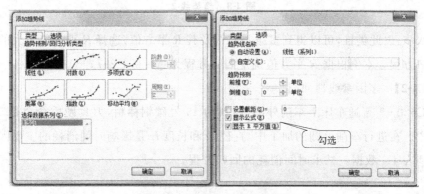

图 4-6 选择"类型"和"选项"

第六步:得出趋势线,见图4-7。

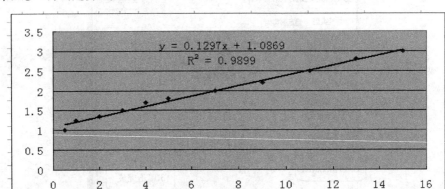

图 4-7 趋势线 1

第七步:重复,至第五步,在"类型"中选择第二个回归类型,在"选项"中勾选"显示公式"、"显示 R 平方值",得到另外一条趋势线,如图4-8 所示。

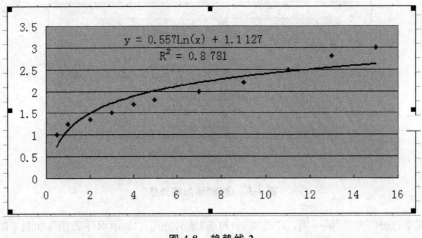

图 4-8 趋势线 2

第八步:以此类推,可以得到多条趋势线及其 R 平方值,选择 R 平方值最大的趋势线作为回归方程。本例根据 R 平方值确定回归方程为:$y=0.1297x+1.0869$。

【例 4-2】 多因素线性回归

在 C620-1 普通车床上车削外圆,材料为 45 号碳钢棒料,刀具硬质合金是 T15K6,批量生产。在进行车削外圆的加工中,直径 D 和长度 L 是影响时间消耗的主要因素。经收集得到表4-4 数据。试求时间消耗的回归方程。

表 4-4 长度和直径与车削外圆时间

D(mm)	L(mm)										
30	30	36	43.2	52	62	74.5	90	107	130	160	180	200
40		30	36	43.2	52	62	74.5	90	107	130	160	180
50			30	36	43.2	52	62	74.5	90	107	130	160
60				30	36	43.2	52	62	74.5	90	107	130
75					30	36	43.2	52	62	74.5	90	107
95						30	36	43.2	52	62	74.5	90
120							30	36	43.2	52	62	74.5
150								30	36	43.2	52	62
200									30	36	43.2	52
240										30	36	43.2
300											30	36
T(min)	0.0625	0.075	0.09	0.108	0.13	0.156	0.187	0.22	0.27	0.32	0.38	0.46

解:当 $L=30$mm 时(表 4-4 斜划线上数据),可以从其对应的 D 值和时间值选出表 4-5 所示数据。

表 4-5 长度为 30mm 时车削外圆时间消耗与直径的关系表

直径 D(mm)	30	40	50	60	75	95	120	150	200	240	300
时间消耗 (min)	0.0625	0.075	0.09	0.108	0.13	0.156	0.187	0.22	0.27	0.32	0.38

根据数据判断为线性回归方程,可以用 $T=kD+b$ 表示。

用 Excel,可以很容易得到

$L=30$mm 时的回归方程:$T=0.0012D+0.0332$ (4-10)

用同样的方法可以得到

$L=36$mm 时的回归方程:$T=0.0014D+0.0433$ (4-11)

$L=43.2$mm 时的回归方程:$T=0.0017D+0.0486$ (4-12)

$L=52$mm 时的回归方程:$T=0.0021D+0.0544$ (4-13)

$L=62$mm 时的回归方程:$T=0.0028D+0.0514$ (4-14)

$L=74.5$mm 时的回归方程:$T=0.0034D+0.055$ (4-15)

$L=90$mm 时的回归方程:$T=0.0043D+0.056$ (4-16)

$L=107$mm 时的回归方程:$T=0.0054D+0.0562$ (4-17)

$L=130$mm 时的回归方程:$T=0.0063D+0.074$ (4-18)

根据公式(4-10)至公式(4-18)可以得到表 4-6。

表 4-6　长度与待定参数 k、b 值

长度 L(mm)	30	36	43.2	52	62	74.5	90	107	130
k 值	0.001 2	0.001 4	0.001 7	0.002 1	0.002 8	0.003 4	0.004 3	0.005 4	0.006 3
b 值	0.033 2	0.043 3	0.048 6	0.054 4	0.051 4	0.055 0	0.056 0	0.056 2	0.074 0

从上表可以看出，k 值和 b 值随着长度 L 变化而变化，k 值和 b 值分别是长度 L 的函数。为了方便观察与计算，可以将上表拆为两个表（见表 4-7 和表 4-8），分别表示长度对 k 值的影响和长度对 b 值的影响。

表 4-7　长度与待定参数 k 值

长度 L(mm)	30	36	43.2	52	62	74.5	90	107	130
k 值	0.001 2	0.001 4	0.001 7	0.002 1	0.002 8	0.003 4	0.004 3	0.005 4	0.006 3

根据表 4-7，用实例 4-1 的方法二，容易得到回归方程：$k=0.000\,05L-0.000\,53$ 　　(4-19)

表 4-8　长度与待定参数 b 值

长度 L(mm)	30	36	43.2	52	62	74.5	90	107	130
b 值	0.033 2	0.043 3	0.048 6	0.054 4	0.051 4	0.055	0.056	0.056 2	0.074

根据表 4-8，可以得到回归方程

$$b=0.000\,3L+0.032\,4 \tag{4-20}$$

将式(4-19)、式(4-20)代入 $T=kD+b$ 得

$$T=(0.000\,5L-0.005\,3)D+(0.000\,3L+0.032\,4)$$
$$=0.000\,5LD-0.005\,3D+0.000\,3L+0.032\,4 \tag{4-21}$$

式(4-21)就是影响因素长度和直径与车削外圆时间消耗的回归方程。

假设需要加工直径 40mm，长度 80mm 的工件，所需时间为

$$T=0.000\,5LD-0.005\,3D+0.000\,3L+0.032\,4$$
$$=0.000\,05\times40\times80-0.000\,53\times40+0.000\,3\times80+0.032\,4$$
$$=0.195\,2(\text{min})$$

4.2.2　学习曲线法

1. 学习曲线法的原理

学习曲线就是用来表示生产单位产品的实际消耗时间与连续（累积）生产总产量之间相互关系的曲线，如图 4-9 所示。

如图所示，学习曲线法认为：

(1) 单位实际消耗时间随着生产重复程度增加而逐渐减少；

(2) 实际消耗时间按照一定的递减率减少；

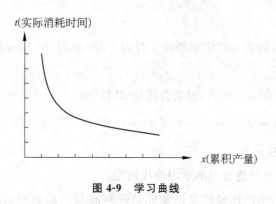

图 4-9 学习曲线

(3) 学习递减率函数模型与企业产品结构状况、生产技术条件相联系。

学习曲线的数学模型有多种表达方式,一般认为指数函数最能表示学习进步的现象,其函数关系式如下:

$$t_x = t_1 c^n \tag{4-22}$$

式中:t_x——第 x 台产品的实际消耗时间

t_1——第 1 台产品的实际消耗时间

c——生产这类产品的学习率

n——产品倍增次数

x——累积生产数量

式(4-22)中,x 的值是累积生产数量,其数值从 1 开始至最后的生产量,为方便研究,可以选择 $x=2^n$(即 x 取 1、2、4、8、16、32、64 等)。对其取对数:

$$n\lg 2 = \lg x \Rightarrow n = \frac{\lg x}{\lg 2} \tag{4-23}$$

对式(4-22)取对数:

$$\lg t_x = \lg t_1 + n\lg c \tag{4-24}$$

将式(4-23)代入式(4-24):

$$\lg t_x = \lg t_1 + \frac{\lg x}{\lg 2}\lg c \Rightarrow \lg t_x = \lg t_1 + \frac{\lg c}{\lg 2}\lg x \tag{4-25}$$

令 $\lg c/\lg 2 = m$,则式(4-25)变为

$$\lg t_x = \lg t_1 + m\lg x$$

$$t_x = t_1 x^m \tag{4-26}$$

式中:m——为学习系数

式(4-26)就是学习曲线的函数式。因为 $m = \lg c/\lg 2$,所以,一旦学习率 c 确定,学习系数 m 就确定。例如,如果学习率 c 为 51%,则 $m = \lg 0.51/\lg 2 = -0.97143$,如果学习率 c 为 83%,则 $m = -0.26881$。

【例 4-3】

已知生产某产品的第一件实际消耗工时为 1 000 小时,学习率为 80％,求第 8 件产品的实际消耗时间。

解:已知 $t_1=1\,000$,$c=80\%$,根据公式(4-26),

$$t_x = t_1 x^m \Rightarrow t_8 = t_1 \times 8^m \Rightarrow 1\,000 \times 8^{\frac{\lg 0.8}{\lg 2}} = 512 \text{ (h)}$$

2. 学习曲线法的实例

【例 4-4】 某飞机制造公司的学习曲线模型

某飞机制造公司生产该号产品的实际消耗时间与产品累积数量的数据如表 4-9 所示。求该飞机制造公司的学习曲线模型和第 300 件产品的实际消耗时间。

表 4-9 某飞机制造公司实际消耗时间与产品累积数量表

单位产品实际消耗时间 t_x	100 000	80 000	64 000	51 200	40 960	32 768	26 214	20 972	16 777
产品累积顺序号数 x	1	2	4	8	16	32	64	128	256

分析:学习曲线法的本质依然是寻找单位产品时间消耗与其影响因素产量之间的关系。如前所述,学习递减率函数模型与企业产品结构状况、生产技术条件相联系,所以,事先确定其数学模型的函数类型并不明智。所以可以用 Excel 对数据进行拟合。

解:

1. 用 Excel 对以上数据进行拟合,求学习曲线模型。

(1) 画散点图,如图 4-10 所示。

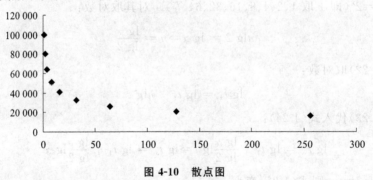

图 4-10 散点图

(2) 添加趋势线。

① 假定为指数函数,如图 4-11 所示。

② 假设为对数函数,如图 4-12 所示。

③ 假设为乘幂函数,如图 4-13 所示。

显然,本例中,乘幂函数的 R^2 最大,所以,本例的学习曲线为乘幂函数:$y = 100\,000 x^{-0.321\,9}$。这与前面推导得出的学习曲线函数相符。

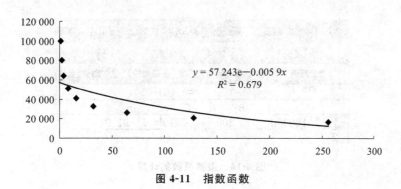

图 4-11　指数函数

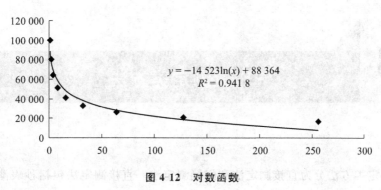

图 4-12　对数函数

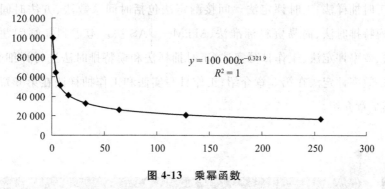

图 4-13　乘幂函数

2. 求 300 件产品的实际消耗时间

乘幂函数的计算同样用 Excel 来计算。求第 300 件产品的实际消耗时间，即 $x=300$。本例实际是要计算 $100\,000 \times 300^{-0.321\,9}$。

第一步：打开 Excel。

第二步：在 A1 中输入 100 000，在 B1 中输入 300，在 C1 中输入 −0.321 9，在 D1 中编辑输入计算公式："=A1*B1^C1"。（B1^C1 表示 $B1^{C1}$），如图 4-14 所示。

第三步：计算结果，敲回车键即可得到答案：15 944.64(h)。

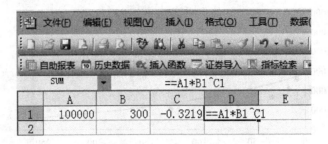

图 4-14 乘幂函数的计算

4.3 作业测定类方法

作业测定类方法分为直接测定法和间接测定法。直接测定法包括秒表测时法、工作日写实法、工时抽样法、工时评定法。间接测定法包括时间系数法、方法时间衡量法、工作因素法、模特排时法、简易资料标准法、MTM—UAS法。考虑到篇幅问题,本书仅对秒表测时法、效率评定法、工作日写实法、工时抽样法和模特排时法进行详细介绍。其中秒表测时法、效率评定法在第5章介绍;工作日写实法和工作抽样法在第6章介绍,模特排时法在第7章介绍。

4.4 思考题

1. 什么是概率估工法?
2. 什么是统计分析法?
3. 劳动定额制定方法过去是怎么分类的?现在是怎么分类的?
4. 搜集到钳工錾切铸件工件5mm厚平面的实际消耗时间与錾切面积的一系列数据如表4-10所示,使用回归分析法建立回归方程并制定錾切面积为$50cm^2$的劳动定额。

表 4-10　錾切铸件工件面积与消耗时间表

錾切面积(cm^2)	10	28	35	40	85	100
錾切时间(min)	5	12	14	16	22	24

5. 某企业生产 E 产品的实际消耗时间资料如表 4-11 所示,试用 Excel 软件求第 250 件产品的时间消耗值。

表 4-11　E 产品产量与实际消耗时间表

累积生产 E 产品序号(第 x 件)	5	20	50	100	150	200
E 产品实际消耗时间(h)	90	70	55	43	40	38

第5章
秒表测时法和效率评定法

通过本章的学习,要求掌握以下知识点:
- 掌握秒表测时法的内涵、种类
- 掌握四种秒表测时法的技术要求
- 掌握秒表测时法的应用
- 掌握效率评定的相关概念
- 掌握速度评定法、系数评定法、点数法和速度系数法

第 5 章
初采顶的方法和效率评定法

案例 5-1　观察多少次？

作为定额小组的组长张显最近感觉压力比较大。他们小组已经第三次到企业了，第一次是联系企业；第二次是到企业了解生产工艺和选择观测岗位，并对相关岗位进行了摄像。他们回去后发现，因为是一个人摄像的，所以只能对着一个目标拍摄。结果只有机动时间，没有操作者的手动时间。另外，他们的拍摄视频并不长，只拍摄到了三个零件的产品生产过程。通过观察视频发现，操作者加工三个零件的时间相差甚远。他们小组决定再次到企业补拍。张显面临的问题是，他们需要观察多少个零件的生产以降低误差。

在现实的企业生产经营活动中，从事某一产品、某一零件或工序的生产，所消耗的时间受各种因素的影响，其中既包括生产技术组织条件的影响，也包括人的因素的影响；既包括系统性因素的影响，也包括一些偶然性因素的影响。案例中出现的观测次数问题，首要目标就是要将秒表测时法的误差降低到允许的范围内。

5.1　秒表测时法

5.1.1　秒表测时法的内涵和种类

1. 秒表测时法的内涵

秒表测时法又称测时法，简称测时，按照 GB/T14002—2008 的定义，测时是指在工作现场以工序为对象，对构成工序的作业要素进行周期性观察，并测定其工时消耗的情况。

测时的目的就是为了掌握工序作业及其构成要素的时间消耗情况，以便为制定劳动定额，帮助后进生产者改进操作，总结先进生产者操作经验提供基础性数据。

2. 秒表测时法的种类

可以根据测时对象（即操作者）的作业性质、作业形式等，对秒表测时法进行分类。最常见的分类方式是按照测时的观测方法将秒表测时法分为：连续测时法、反复测时法、循环测时法、整体测时法。

在对作业要素进行测时的时候,如何确定定时点是一个不可回避的问题,也就是说,需要明确该项操作的开始和结束是以什么为标志划分的。

定时点就是工序加工过程中相邻操作单元之间的分界标志,当工人按工艺进行操作达到定时点时,标志前一操作的结束,后一操作的开始。例如,安装工作的定时点为手离工件或扳手;开车的定时点为手离电钮;进刀的定时点为刀触工件;退刀的定时点为手离手柄;卸下工件的定时点为手离工件。

(1) 连续测时法

连续测时法就是以秒表为计时工具,按先后顺序对工序的各个单元逐一观察,连续记录其起止时间的一种测时方法。

连续测时法的技术要求:

① 划分的作业要素延续时间应大于 0.1min;

② 确定的定时点应明显易辨,选择从声响、视觉上明确区别各作业要素起止的标志;

③ 在下一作业要素定时点出现前,应完成作业要素时间的观测和记录。

(2) 反复测时法

反复测时法就是用秒表对工序各个操作单元独立进行多次反复测定,直接记录操作延续时间的一种测时方法。

反复测时法的技术要求:

① 作业要素延续时间较长,反复测时法是直接对作业要素进行测时,并在操作完成后立即记录时间,如果操作划得较短,不易完成且误差较大。

② 确定的定时点应明显易辨,选择从声响、视觉上明确区别各作业要素起止的标志;

③ 在下一作业要素定时点出现前,应完成作业要素时间的观测和记录,反复测时法允许采取间隔一个操作进行记录的做法。

(3) 循环测时法

循环测时法就是以秒表为测时工具,按操作顺序依次将若干个作业要素合并进行测定,最后获得各个作业要素时间值的一种测时方法。

循环测时法的技术要求:

① 作业要素之间要有明显易辨的定时点;

② 测试秒表选精度 1.7/1000min 的数字式电子秒表;

③ 观测点应选择能够清楚观察到作业要素定时点的地点;

④ 观测次数应大于工序作业要素数。

循环测时法延续时间计算:

某工序由 a、b、c、d、e 五个作业要素组成,因为每一工序的加工都是一个循环,所以可以将其组合成五个组合作业要素:(b,c,d,e)、(c,d,e,a)、(d,e,a,b)、(e,a,b,c)、(a,b,c,d)。对以上五个组合进行测时,测时结果为常数,分别用 A、B、C、D、E 表示:

$$\begin{cases} b+c+d+e=A \\ c+d+e+a=B \\ d+e+a+b=C \\ e+a+b+c=D \\ a+b+c+d=E \end{cases} \xrightarrow{\text{求和}} \begin{matrix} 4(a+b+c+d+e)=A+B+C+D+E \\ 令\ A+B+C+D+E=S \end{matrix} \Big\} 4(a+b+c+d+e)=S$$

$$\Rightarrow a+b+c+d+e=S/4$$

$$a+S/4-(b+c+d+e)=S/4-A$$
$$a+S/4-(a+c+d+e)=S/4-B$$
$$a+S/4-(a+b+d+e)=S/4-C$$
$$a+S/4-(a+b+c+e)=S/4-D$$
$$a+S/4-(a+b+c+d)=S/4-E$$

(4) 整体测时法

整体测时法就是以工序为一整体,采用秒表直接测定其延续时间的一种测时方法。

整体测时法的技术要求:

① 测时工序有间断作业要素时,测时前观测人员要了解间断作业要素的频次;测时值中必须有间断作业要素发生的工序延续时间值;

② 观测次数要大于间断作业要素发生的周期数。

5.1.2 测时的方法和步骤

1. 测时的观测次数

因为人力、物力的限制,测时不可能对被观测对象的所有操作进行观测,因此,从本质上来说,测时依然属于抽样调查。要确保抽样调查的可靠性,关键是保证观测次数。

(1) 用公式计算观测次数

观测次数的计算方法一般是按照调查的可靠度在 95%,相对误差在 ±5%~±10% 之间的精度进行计算:

$$N = \left[\frac{2}{s} \frac{\sqrt{n\sum_{i=1}^{n} X_i^2 - \left(\sum_{i=1}^{n} X_i\right)^2}}{\sum_{i=1}^{n} X_i} \right]^2 \tag{5-1}$$

式中：N——某作业要素的应观测次数；

s——给定测时数据的相对误差：在制定一般工时定额时，s 取 10%，在制定工时定额标准资料时，s 取 5%；

n——某作业要素的已观测次数；

X_i——某作业要素的观测时间。

【例 5-1】 对某一作业要素已做了 10 次观测，所得实测时间值依次为 7s，5s，6s，8s，7s，6s，7s，6s，6s，7s。该作业要素拟制定定额标准资料，还应观测多少次？

解：要做定额标准资料，所以 $S=0.05$，且，已知 $n=10$，在式(5-1)中，需要用到 $\sum X^2$、$\sum X$，其计算见表 5-1：

表 5-1 观测次数的计算表

N	1	2	3	4	5	6	7	8	9	10	合计
X_i	7	5	6	8	7	6	7	6	6	7	65
X_i^2	49	25	36	64	49	36	49	36	36	49	429

将 $S=0.05$，$n=10$，$\sum X_i=65$，$\sum X_i^2=429$ 代入式(5-1)得：

$$N=\left[\frac{2}{s}\frac{\sqrt{n\sum_{i=1}^{n}X_i^2-\left(\sum_{i=1}^{n}X_i\right)^2}}{\sum_{i=1}^{n}X_i}\right]^2=\left[40\frac{\sqrt{10\times429-65^2}}{65}\right]^2=24.6\approx25$$

所以，还应观测 25－10＝15 次。

（2）根据经验数据确定观测次数

除了可以使用公式计算观测次数外，还可以使用经验数据确定观测次数。表 5-2 是测时观测次数的经验数据表。

表 5-2 测时观测次数的经验数据表

生产类型	作业要素延续时间(s)	按工序延续时间确定观察次数						
		1	2	5	10	20	30	40
大批生产	<6	30	25	20	15			
	6~18	25	20	15	13			
	>18	20	16	14	12			
中批生产	<6	25	20	15	13	10		
	6~18	20	15	12	10	8		
	>18	15	13	10	9	7		
单件小批生产	<18		15	13	12	10	8	6
	>18			10	8	7	6	5

2. 测时数据的稳定系数

对于收集到的测时数据,必须要确保数据的可靠性。为了检查数据的可靠性,通常使用稳定系数进行判定。计算稳定系数的公式为

$$k_w = \frac{t_{\max}}{t_{\min}} \quad (5\text{-}2)$$

式中:k_w——稳定系数

$t_{\max}$——测时数值中的最大值(最大延续时间)

$t_{\min}$——测时数值中的最小值(最小延续时间)

稳定系数越接近 1,测时所得数据的可靠性越大,如果稳定系数超过标准稳定系数,则应查明原因,或去掉、重测。

标准稳定系数详见表 5-3。

表 5-3 标准稳定系数(参考)

生产类型	作业要素延续时间(s)	稳定系数	
		机动工作	手动工作
大量生产	<6	1.5	2.0
	6~18	1.3	1.7
	>18	1.2	1.5
大批生产	<6	1.8	2.5
	6~18	1.5	2.0
	>18	1.3	1.7
成批生产		1.7	2.5
小批生产		2.0	3.0

(资料来源:安鸿章,孙义敏,李广义. 中国劳动定员定额大典[M],北京:中国文史出版社,2012)

3. 测时的步骤

(1) 准备工作

① 选择测时对象。测时对象的选择取决于测时工作目的。几乎所有的教科书上都要求事先做好操作者的工作以赢得他们的配合,但是现实工作中,定额员经常被他们当做"贼"来防,原因就在于劳动定额对操作者薪酬的决定性影响。鉴于安装摄像头和布线的成本比较低,并且已经有非常多的企业已经在生产现场安装了摄像头,所以,建议通过安装在车间的摄像头进行测时和写实,可以随时获取较为准确的生产现场信息,节约大量的人工成本。

② 收集资料。详细了解测时对象和工作地的生产技术组织状况。

③ 作业分解。将工序进行合理划分,分成若干作业要素。

④ 确定定时点。合理确定定时点是保证每次观测的一致性和准确性的基础。

⑤ 选择测时方法。测时方法与作业要素延续时间有关。作业要素的延续时间大于

6s 时,优先选用连续测时法;作业要素的延续时间小于 6s 时,需要采用循环测时法或反复测时法;作业要素延续时间短,作业要素不易划分的,或制定精度要求不高的工时定额时,可以采用整体测时法。

⑥ 确定观测次数。观测次数与调查精度正相关,也与观测成本正相关。合理确定观测次数就是在调查精度和观测成本之间达成平衡。

(2) 进行观察记录

测时的时间最好在上班一小时后至下班一小时前结束。测时的观察记录一般采用表格式记录方法,如表 5-4 所示。

表 5-4 测时观察记录表

操作者情况		作业情况		作业草图						设备情况		工作地布置		
单位		名称								设备				
姓名		材质								编号				
工种		批量								工具				
等级		工序								供应				
序号	操作名称	定时点	观察时间	观察次序						合计	平均延续时间	稳定系数		正常操作时间	备注
				1	2	3	4	5	6			实际	标准		
1															
2															
开始时间:		简要说明													
结束时间:															

(3) 整理分析

整理分析主要就是对测时数据进行梳理。

① 剔除明显异常的测时值。

② 计算稳定系数,并查明异常数据出现的原因,或进行删除、重测等。

(4) 确定作业标准时间

将测时所得到的作业时间汇总,得到工序的作业时间,进行效率评定后调整为正常值,加上作业宽放、个人需要与休息宽放就可以确定单件定额标准时间。见公式:

$$T_d = T_z + T_{zk} + T_{gxk} = T_z(1 + K_{zk} + K_{gxk}) \tag{5-3}$$

式中:T_d——单件时间

T_z——作业时间

T_{zk}——作业宽放时间

T_{gxk}——个人需要与休息宽放时间

k_{zk}——作业宽放率

k_{gxk}——个人需要与休息宽放率

4. 测时实例

【例 5-2】 某套筒零件车外圆工序,已知条件如表 5-5 所示。零件为小批生产,原工时定额为 6min,试用测时法进行测时。

表 5-5 零件加工的已知条件

直径	$D=80mm$	加工长度	$L=180mm$	切入切出长度	$L_1+L_2=10mm$
工件质量	$G=1.2kg$	工件材料	45号钢	工件硬度	$HB=255\sim305$
设备	C620-1	走刀次数	$i=1$	参考工件转速	$n=305r/min$
参考进给量	$S=0.288/r$	工序	车外圆	表面粗糙度、精度	$B_a3.2$、IT9

(1) 准备工作

① 选择测时对象。在使用 C620-1 车外圆工序中选择一位中等水平操作者。

② 收集资料。工作地布置合理,工作环境好,所用设备以及刀夹量具等符合要求,工艺规程规范。

③ 作业分解。将车外圆工序划分成装上零件等 7 个作业要素。

④ 确定定时点。为七个作业要素确定定时点,如表 5-6 所示。

表 5-6 作业要素及定时点

序号	1	2	3	4	5	6	7
要素名称	装上零件	开车	移动刀架	车削	移动刀架	停车	卸下零件
定时点	手离扳手	主轴转动	刀接触工件	切削停止	手离刀柄	主轴停转	手离零件

⑤ 选择测时方法。因为七个作业要素的延续时间多数大于 6s,所以选择连续测时法。

⑥ 确定观测次数。根据生产类型为单件小批生产和现行工时定额为 6 分钟,查表,取观测次数 $N=8$ 次。

(2) 进行观测记录

将观测得到的数据填入表格,并计算平均延续时间和工序延续时间,见表 5-7。

表 5-7 生产套筒测时记录表

序号	作业要素名称	定时点		观测周期数								有效次数	平均延续时间	标准稳定系数	实际稳定系数
				1	2	3	4	5	6	7	8				
			时间 min												
1	装上零件	手离扳手	终止	30.5	34.2	38.22	42.78	46.88	50.85	54.87	58.68	7	0.6	1.7	3
			延续	0.5	0.53	0.67	—	0.83	0.58	0.6	0.5				
2	开车	主轴转动	终止	30.55	34.25	38.27	42.85	46.93	50.92	54.92	58.73	8	0.055	1.4	2.5
			延续	0.05	0.05	0.05	0.07	0.05	0.07	0.05	0.05				
3	移动刀架	刀接触工件	终止	30.8	34.55	38.52	43.18	47.22	51.22	55.17	59	8	0.28	1.3	2.5
			延续	0.25	0.3	0.25	0.33	0.29	0.3	0.25	0.27				

续表

序号	作业要素名称	定时点	观测周期数								有效次数	平均延续时间	标准稳定系数	实际稳定系数
			时间 min											
			1	2	3	4	5	6	7	8				
4	车削	切削终止	终止 32.97	36.8	40.72	45.35	49.52	53.55	57.42	1.3	8	2.25	1.1	2
			延续 2.17	2.25	2.2	2.17	2.3	2.33	2.25	2.3				
5	移动刀架	手离刀柄	终止 33.17	37	40.93	45.55	49.75	53.75	57.67	1.52	8	0.21	1.3	2.5
			延续 0.2	0.2	0.21	0.2	0.23	0.2	0.25	0.22				
6	停车	主轴停转	终止 33.25	37.1	41.01	45.63	49.85	53.83	57.77	1.62	8	0.09	1.3	2.5
			延续 0.08	0.1	0.08	0.08	0.01	0.08	0.1					
7	卸下零件	手离零件	终止 33.67	37.55	41.45	46.05	50.27	54.27	58.18	2.45	7	0.43	1.2	3
			延续 0.42	0.45	0.44	0.42	0.42	0.44	0.41	—				
		工序延续时间	3.67	3.85	3.9	—	4.22	4	3.91	—		3.92		

（3）整理分析

① 计算稳定系数并与允许稳定系数对比。

计算"装上零件"的实际稳定系数：$K_{实1}=0.83/0.5=1.66≈1.7$

"装上零件"的允许稳定系数：产品为小批生产，"装上零件"为手动作业，"装上零件"的延续时间＞18s，所以，查表 5-3 知：$K_{允1}=3$。

其他作业要素的稳定系数计算及对比依此类推。

② 剔除明显异常的测时值。检查各要素测定值，延续时间都正常。

（4）确定作业标准时间

作业标准时间的确定，在本例的计算中，仅有 7 个作业要素的延续时间，且各项数据均正常，所以仅能计算出各项要素的延续时间，结果见表 5-7。

5.2 效率评定法

案例 5-2 以谁的操作速度为准？

张显他们定额小组通过计算决定了观测次数之后，他带队再次到企业进行现场观测。来到他们上次的观测地点，发现上次的操作者李师傅不在，正在操作的是小唐。通过目视他们就发现，小唐和李师傅的操作速度明显不一样：李师傅操作简单、明了、快速。而小唐在操作时明显有些信心不足，操作时快时慢。他们傻眼了，到底是应该以谁的操作速度为准呢？

制定劳动定额的基本思路：一是寻找影响工时消耗的因素；二是寻找各项因素对工时消耗影响的规律。生产技术组织条件是影响时间消耗的因素，操作者同样也会对工时消耗产生影响，但是这些在劳动定额的定义中并未提及，因为制定劳动定额时，是以中等水平操作者为对象进行测定，所以，在使用秒表测时法进行测时的时候，首先就是要选择一个中等水平操作者。而现实的情况是复杂多变的，很多情形下，没有中等水平操作者或无法确定谁是中等水平操作者，案例中出现的情形就是如此。因此需要将任何一位操作者的实测时间调整为标准时间。方法就是采用效率评定法。常用的效率评定法包括速度评定法、系数评定法、点数法、速度系数法和综合评定法。

5.2.1 效率评定法的相关概念

1. 相关概念

（1）效率评定（或称工时评定）

效率评定就是对工人实际作业状态和作业速度按照一定标准进行对比和评价，将实测作业的平均延续时间调整为正常时间的技术。

（2）效率评定法

效率评定法又称工时评定法或作业评定法，就是在估工、统计、写实、抽样等工时分析的基础上，按照一定的评定标准，对作业进行评定，获得劳动效率评定系数，将获得的实际消耗时间值调整为正常情况下所必须消耗的时间，并以此作为未来执行期劳动定额的方法。

（3）正常时间

正常时间就是以实测的作业平均延续时间为基础经过工时评定后所得的结果。

（4）正常作业速度

正常作业速度就是具有平均熟练程度的工人，在一个工作班内积极努力工作所达到的作业速度。按此速度工作，能持续进行操作，又不致产生过度的体力消耗和精神疲劳。

2. 效率评定法的原理

效率评定法的目的是为了对劳动的效率进行评价，以便获得正常的时间消耗数据。在劳动定额的时间构成中，包括作业时间、作业宽放、个人需要与休息宽放、准备与结束时间四大类。在以上的四大类时间中，通常对作业时间、作业宽放、个人需要与休息宽放进行评定，而对于准备与结束时间，一般不予进行评定。从因素分析的视角看，作业时间的影响因素包括机器运转和人工操作两个部分，所以，一般分别对机动和手动部分进行效率评定，而将作业宽放和个人需要与休息宽放两个部分视作一个整体进行效率评定，如图5-1所示。

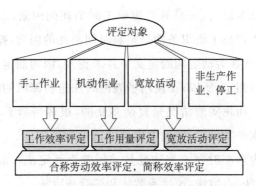

图 5-1 效率评定的原理与范围

(1) 对作业时间的评定

① 机动作业评定。

机动作业的评定就是将机动作业的实际用量与标准用量进行对比。因此,对机动作业效率的评定用工作用量系数表示。以车床加工为例,其机动时间主要取决于切削用量,也就是取决于转速、吃刀深度和进刀量三者的乘积。那么,对车床加工的机动作业的评定就是用实际的切削用量与标准用量的对比。

$$k_q = \frac{n_s \times s_s \times t_s}{n_b \times s_b \times t_b} \tag{5-4}$$

式中,k_q——工作用量系数

n_s——实际转速 n_b——标准转速

s_s——实际进刀量 s_b——标准进刀量

t_s——实际吃刀深度 t_b——标准吃刀深度

② 手动作业的评定。

手动作业的评定系数用工作速率系数(K_s)表示,其中表达式为

$$K_s = S_s/S_b \tag{5-5}$$

式中:S_s——实际工作速率

S_b——标准工作速率

注:公式(5-5)是手动作业系数的评价原理。对手动作业的评定常常采用速度评定法、系数评定法、点数法和速度系数法等方法,作为评定结果的评定系数常常是一个具体的数值,这是将标准工作速率视作1,用实际工作速率与之进行对比的结果。

(2) 对宽放活动的评定

宽放活动的评定系数用宽放系数(K_k)表示,对宽放活动的评定与对手动作业的评定相似,同样可以采用速度评定法、系数评定法、点数法和速度系数法等方法。其表达式为:

$$K_k = T_{bk}/T_{sk} \tag{5-6}$$

式中：T_{sk}——实际宽放时间

T_{bk}——标准宽放时间

(3) 采用效率评定法制定劳动定额

计算公式为：
$$T_d = t_{jd}k_q + t_{sd}k_s + t_{sk}k_k \tag{5-7}$$

式中：T_d——时间定额

t_{jd}——机动时间实际消耗值

t_{sd}——手动时间实际消耗值

t_{sk}——实际宽放时间

【例 5-3】 已知某厂车削加工 D 轴的有关效率评定资料如下。

(1) 现场取得的实际测定资料

实际机动时间为 30min，与此机动时间相对应的实际切削用量为：转速 $n=462$ 转/min，吃刀深度 $t=4$mm/次，进刀量 $s=0.45$mm/转。

实际宽放时间为 10min。

实际手动时间为 20min，与此手动时间相对应的实际工作速率各因素的评定取值如表 5-8 所示。

表 5-8 手动作业效率评定值

项目	技巧性	努力程度	工作均匀、一致性	工作环境
因素值	+0.06	+0.01	0	-0.04

(2) 查找取得的标准资料

标准切削用量为：转速 $n=477$ 转/min，吃刀深度 $t=4$mm/次，进刀量为 $s=0.48$mm/转

标准宽放时间为 8min。

请制定车削加工 D 轴的劳动定额。

解：首先计算工作用量系数、工作速率系数、宽放系数三个系数。

(1) 根据式(5-4)
$$k_q = \frac{n_s \times s_s \times t_s}{n_b \times s_b \times t_b} = \frac{462 \times 4 \times 0.45}{477 \times 4 \times 0.48}$$

根据题目已知 $K_s = 1 + 0.06 + 0.01 + 0 - 0.04 = 1.03$

根据公式(5-6) $K_k = 8/10$

(2) 根据式(5-7)
$$T_d = t_{jd}k_q + t_{sd}k_s + t_{sk}k_k = 30 \times \frac{462 \times 4 \times 0.45}{477 \times 4 \times 0.48} + 20 \times 1.03 + 10 \times \frac{8}{10}$$
$$= 30 \times \frac{831.6}{915.84} + 20.6 + 8 = 55.84(\text{min})$$

5.2.2 速度评定法

速度评定法是以标准速度为尺度,衡量工人实际作业的速度,求出评定系数,将实测时间调整为正常时间的方法。表 5-9 是罗尔斯罗斯航空发动机制造公司的速度评定表。

表 5-9 罗尔斯罗斯航空发动机制造公司工作速率说明表

工作速率(%)	说明	相当于步行速度(英里/h) (1 英里＝1.609km)
50	很慢,不灵活,对工作无兴趣	2
75	稳定,慎重,不慌不忙	3
100	敏捷,有条理,达到受过训练的操作者的平均水平——有信心且准确	4
125	很快,灵活协调,超过受过训练的操作者的平均水平	5
150	非常快,能力出众,技艺精湛	6

速度评定法的关键是事先制定速度说明表,对每一项工作速率进行准确的描述。在根据工作速率说明表进行评价获得评价系数之后,利用下列公式将实测时间调整为正常时间:

$$正常作业时间 = 作业实测的平均时间 \times 评定系数 \qquad (5-8)$$

5.2.3 系数评定法

系数评定法是以技巧性、努力程度、工作环境、均匀一致性等要素为评定项目,每项分为最优、优、良好、正常、差、最差六级,并赋予一定系数值,以此作为标准进行工时评定的方法。表 5-10 是美国西屋电气公司工作因素评定系数表。该表从技巧性、努力程度、工作环境、均匀一致性四个方面对作业进行评定,有的系数评定表从技巧性、努力程度、工作环境、均匀一致性、质量五个要素进行评定。

表 5-10 工作因素评定系数表

评价等级		技巧性	努力程度	均匀一致性	工作环境
最优	A1	+0.15	+0.13	+0.04	+0.06
	A2	+0.13	+0.12		
优秀	B1	+0.11	+0.10	+0.03	+0.04
	B2	+0.08	+0.08		
良好	C1	+0.06	+0.05	+0.01	+0.02
	C2	+0.03	+0.01		
正常	D	0	0	0	0
较差	E1	−0.05	−0.04	−0.02	−0.03
	E2	−0.10	−0.08		
最差	F1	−0.16	−0.12	−0.04	−0.07
	F2	−0.22	−0.17		

注:(1) 根据本表确定的评定系数,在应用时应加上基数 1。
(2) 本表的关键在于事先确定各要素的内涵和各个等级的评价标准。

【例 5-4】 对 G 公司精车外圆工序的小李进行效率评定,小李的实测平均时间为 2min,进行系数评定的结果为

技巧性——优秀 B2;努力程度——正常;均匀一致性——最优;工作环境——良好

试求该工序的正常作业时间。

解:首先根据题目已知实测平均时间为 2min,评定系数为

评定系数 = 1+0.08+0+0.04+0.02 = 1.14,所以,根据公式(5-8),正常作业时间为

正常作业时间 = 作业实测的平均时间×评定系数 = 2×1.14 = 2.28(min)

5.2.4 点数法

点数法也叫分数法,其评价的方法与系数评定法基本相同,只不过在评价时是以百分制打分的方式。详见表 5-11。与系数评定法不同的是,系数评定法以评价系数为 1 为中等水平操作者,点数法则是以 70 分为中等水平操作者。所以,其正常作业时间的计算公式为

$$\text{正常作业时间} = \text{实测平均时间值} \times \frac{\text{评定得分}}{70} \tag{5-9}$$

表 5-11 点数法评分表

等级	技巧性	努力程度	质量	工作均匀一致性	工作环境	总分
劣	16	14	4	6	10	≤50
差	18	16	6	8	12	60
中	20	18	8	10	14	70
良	22	20	10	12	16	80
优	24	22	12	14	18	≥90

5.2.5 速度系数法

速度系数法也称客观评定法,是对作业速度和作业难度进行双重评定的方法。首先对工人作业速度进行评价定出速度评定系数,然后再对工人作业难度进行评比,求出难度系数,最后以实测值为基础计算正常作业时间。作业速度的评价可以用速度评定法,作业难度的评价见表 5-12。

表 5-12 速度系数法评分表

种类编号	说明	参考记号	条件	调整系数
1	身体部位	A	轻易使用手指	0
		B	腕及手指	1
		C	前臂、腕及手指	2
		D	手臂、前臂、腕及手指	5
		E_1	躯体、手臂	8
		E_2	从地板上抬起脚	10

续表

种类编号	说明	参考记号	条件	调整系数
2	足踏情形	F	未用足踏,或单脚以脚跟为支点	0
		G	足踏以前趾、脚掌外侧为支点	5
3	两手工作	H_1	两手相互协助、相互代替工作	0
		H_2	两手以对称方向同时做相同的工作	18
4	眼与手的配合	I	粗略的工作,主要靠感觉	0
		J	需中等视觉	2
		K	位置大致不变,但不甚接近	4
		L	需加注意,稍接近	7
		M	在±0.04cm之内	10
5	搬运的条件	N	可粗略搬运	0
		O	需加以粗略的控制	1
		P	需加以控制,但易碎	2
		Q	需小心搬运	3
		R	极易碎	5
6	重量	W	以实际重量计算	最高不超过198%

速度系数法计算正常作业时间的公式为:

正常作业时间 = 作业的实测时间 × 第一次调整系数 × 第二次调整系数 （5-10）

【例 5-5】 某一作业实测时间为15s;第一次调整系数为50%;第二次调整系数为身体部位8%,足踏情况5%,双手工作18%,手眼配合7%,搬运条件1%,重量15%,合计54%,计算正常作业时间。

解:按照公式(5-10),其正常作业时间为

$$T_n = T_0 \times P \times S = 15 \times 50\% \times (1+54\%) = 11.55(s)$$

5.2.6 效率评定人员的培训

效率评定系数将对劳动定额的制定产生极大的影响,为了提高评定质量,需要在开展效率评定之前对效率评定人员进行培训。基本的方法是事先采集具有代表性的操作录像15~25种(国外一般选24种),按照不同的速度播放,让作业评定人员进行评定,而后公布标准的评定分数或平均评定分数,如此反复,一般要求对效率评定人员进行30小时的培训,才能让评定人员掌握正确的评定标准。

5.3 思考题

1. 什么是秒表测时法？它有哪些种类？

2. 什么是效率评定？为什么要进行效率评定？

3. 企业加工 G 轴，车削外圆工序的有关资料如下：

（1）实际机动时间为 30min，与此机动时间相对应的实际切削用量为：转速 $n=450$ 转/min，吃刀深度 $t=4$mm/次，进刀量 $s=0.5$mm/转。

（2）实际手动时间为 10min，实际工作速率为 1.05。

（3）实际宽放时间为 10min。

查标准资料得知：标准切削用量为转速 $n=450$ 转/min，吃刀深度 $t=4$mm/次，进刀量 $s=0.5$mm/转。标准宽放时间为 12min。

请制定车削外圆工序的工时定额。

第 6 章
工作日写实和工作抽样法

通过本章的学习,要求掌握以下知识点:
- 了解工作抽样法的应用范围和条件
- 掌握工作抽样法和秒表测时法观测次数的确定
- 懂得工作日写实和工作抽样法的应用

第6章
工作日实质和工作时间补偿法

案例 6-1　企业搬离市中心后面临的困惑

　　DB集团是重庆市一家国有大型企业，是中国历史最悠久的工业企业之一。根据企业发展的需要，2009年底，由重庆市江北区搬迁至一个新的工业园。

　　随着我国经济转型升级和企业之间竞争的加剧，对企业精细化管理提出了新要求，而劳动定额标准是企业精细化管理的基础。2013年12月，经审慎研究，集团决定用两年的时间对企业劳动定额标准进行全面的修订。按照工作计划，企业首先进行了工艺文件的梳理，并对工艺加工流程和工序作业方法进行了标准化。在此基础上，企业将已有的劳动定额标准与企业各车间、工种劳动定额完成情况进行对比、验证。为了收集各工种的劳动定额完成数据，企业的劳动定额员深入一线，对各个工种的操作者工时消耗情况进行跟踪记录。在汇总后发现，企业员工普遍存在劳动定额完成率比较低的现象。经过分析，主要原因是：因为企业远离市中心，员工通勤时间较长，按照企业规定工作时间是8:30～18:00时，但是因为修路等原因公司的通勤车经常9点半到10点才能到达公司，而下班也经常提前到17:30分。员工工作时间减少了1个小时至1个半小时，导致员工的实际完成定额时间不能达到企业的要求。

　　在以上案例中，对劳动定额标准进行验证，需要收集企业员工在工作实践中实际工时的消耗情况。事实上，在使用技术定额制定劳动定额时，必须对工序及其组成部分（如工步、操作等）进行分析，并对工作时间的消耗作深入的研究，从中找出工人多余的操作和动作，确定标准的工作方法，在此基础上才能科学合理地确定劳动定额。跟踪收集各工种的操作者工时消耗情况数据常用的方法就是本章所学的工作日写实方法。

6.1　工作日写实

6.1.1　工作日写实的意义和种类

1. 工作日写实的意义

　　工作日写实就是对员工整个工作轮班的工时利用情况，按照其时间消耗的先后顺序,如实地进行观测、记录和分析的一种方法。

工作日写实的目的是提高工时的利用效率,通过工作日写实,可以了解被观测对象在工作轮班期间的时间消耗情况,为设计工时消耗规范,消除非定额时间提供数据支持。

2. 工作日写实的种类

工作日写实分为个人工作日写实、工组工作日写实、多设备工作日写实、自我工作日写实、特殊工作日写实。

个人工作日写实就是对一名操作者在一个工作轮班内的全部工时消耗进行观测、记录和整理分析的一种写实方法。

工组工作日写实的工作对象则是工组,即对在一个或多个工作地工作的一组人员在一个工作轮班内全部工时消耗情况进行观测、记录和整理分析的一种写实方法。

多设备工作日写实则针对的是多设备看管问题,即对看管多设备的一名或一组员工在一个工作轮班内全部工时消耗情况进行观测、记录和整理分析的一种写实方法。

自我工作日写实是一种个人工作日写实,不过是员工对自己在一个工作轮班内全部工时消耗情况进行记录和整理分析的一种写实方法。

特殊工作日写实则是为了满足一些特殊的需要而进行的写实。

对个人的记录方法有数字记录法、图表记录法和混合记录法三种。

(1)数字记录法

数字记录法是按时间顺序在工作日内把工序的各道作业终止时间用数字记录下来的方法。这种方法简单、精确,应用面最广,见表6-1。

表6-1 数字式工作日写实观测记录表

序号	事项	终止时间	时间类别及时间代号						交叉序号	备注
			t_z	t_{zk}	t_{xk}	t_{zj}	t_{zf}	t_{gf}	t_{zt}	t_{gt}		
			延续时间(min)									
1												
2												
3												
4												
5												
6												
7												
8												
9												

(2)图表记录法

图表记录法是在事先准备的表格中,用粗线表示各项作业的延续时间,粗线的长短与延续时间的长度成比例;由前一道作业转到另一道作业时用垂直虚线来表示。图表记录法的表格见表 6-2。

表 6-2　图表式工作日写实观测记录表

作业名称	时间 6	7	8	9	10	11	12	13	14	时间合计	工作量	备注
接班										11		
检查工作地点										19		
落煤										131		
装煤										174		
休息										45		
支架										80		
收拾工具										10		
交班										10		
合计										480		

(3) 混合记录法

混合记录法亦称图表数字记录法，即在图表法的基础上，还在粗线上用数字记录作业延续时间的方法。见表 6-3。

表 6-3　混合式工作日写实观测记录表

作业名称	时间 6	7	8	9	10	11	12	13	14	时间合计	工作量	备注
接班	11									11		
检查工作地点	19	41								19		
落煤				45		45				131		
装煤			44		50	10		70		174		
休息				20				25		45		
支架				10	35			35		80		
收拾工具									10	10		
交班									10	10		
合计										480		

注：横向长度及横线上的数字表明该项作业消耗的时间。

(4) 工组工作日写实记录

除了以上三种个人工作日写实表外，还有一种用于对班组、工组进行写实的表格，称为工组工作日写实观测记录表，如表 6-4 所示。

表 6-4 工组工作日写实观测记录表

车间		产品名称		劳动定额		写实时间	
班组		零件号		工作简图			
设备		工序名称					
	工种						
时间	姓名	张友	李叶	王敏	张迪	刘周	林一
8:00							
8:02							
8:04							
8:06							

注:①工作日写实对象在 6 人以内为佳,经验丰富的定额员最多可以观测 10 人;
②工组成员 2～3 人时,观测间隔 1 分钟;4～7 人时,间隔 2 分钟;8～10 人时 3 分钟为宜。

6.1.2 个人工作日写实的步骤

个人工作日写实的步骤分为三个阶段:准备阶段、观测阶段、整理分析阶段。

1. 准备阶段

(1)选择写实对象

写实对象的选择取决于写实的目的。如果目的是制定劳动定额,那么就要选择中等水平操作者;如果目的是为了分析和改进工时利用情况,就选择先进工人、后进工人为对象,通过先进与后进的分析对比来达到目标。

(2)选择写实观测的方式

①近距离观测。传统的写实基本上都是近距离,因而对操作者有比较大的干扰,并且在劳动定额员的工作实践中,最大的问题是很难得到操作者的支持,所以,必须要向操作者讲清写实的意义和目的,以便获得其支持。但是,因为操作者会将写实与劳动定额相联系,而劳动定额则影响计件、计时工资,这必将影响操作者的切身利益,所以,不管如何解释、说明、做思想工作,操作者的支持和配合都是有限的。

②通过摄像头远程观测。随着电子技术的发展,建设监控网络的成本大幅度降低。越来越多的企业已经开始使用摄像头进行安全监控。借用安全监控网络,增加不多的成本即可实现通过摄像头进行工作日写实和测时。这样,一方面可以大幅度减少定额员在写实过程中的移动距离,显著提高工作效率;另一方面还可以有效克服近距离观测对操作者的影响,提高收集数据的客观性、准确性。

(3)了解操作者的有关情况

为更好地进行写实工作,写实人员要事先了解的情况包括:工人的技术等级、机器设备、工装夹具、加工零件、工序名称、工作地组织、劳动组织等情况,并将相关情况填入写实记录表相关栏目中。

(4)划分项目并对作业项目按时间消耗性质进行分类

在进行工作日写实的时候,需要将每一项作业的活动记录下来,所以就需要定额员能将每项活动简明扼要地记录下来,并将该项活动纳入到某一具体的时间消耗分类当中。所以,要求定额员事先到现场进行预观测,了解观测对象的作业项目,并对预观测到的活动进行归类。

(5)准备写实用品

一是准备写实的表格;二是准备写实的工具。写实工具的准备需要结合企业实际,如采用摄像监控进行写实,则需要完成相应网络和设备的准备。计时工具可以使用秒表、手表,非保密单位也可以使用手机等移动通信设备的计时功能。

2. 观测阶段

观测阶段的主要工作就是对挑选好的观测对象进行跟踪观测,从观测对象上班开始一直到下班时结束,按照其整个工作日内各项作业的时间消耗次序依次记录下来。

在写实过程中,写实人员应注意工人的每一项活动,并将每一项活动的名称和起止时间简明扼要地记录在个人工作日写实观测表上。

写实应该注意的事项:

(1)起止时间

工作日写实是从上班开始对操作者一整天的活动进行的连续观测。除了第一项作业需要记录开始时间外,其他作业只需要记录终止时间即可,因为上一项作业结束时间就是本项作业开始的时间。

(2)交叉时间

操作者的一个操作与另一个操作同时进行的时间就是交叉时间。对于利用交叉时间完成的活动,应该将其延续时间用括弧括起来,并填写交叉序号(交叉序号也要用括弧括起来),避免重复统计。

(3)延续时间

延续时间是本项作业的终止时间减去上一项作业的终止时间。延续时间一般在观测时不填写,事后整理分析时填写。

(4)写实时间

定额员应提前五分钟做好全部写实准备工作,写实对象下班后方可停止写实。为保证写实质量,写实的次数一般以3~5次为宜。

(5)观测人员

因为进行写实的时候观测人员也有个人需要与休息宽放,同时在进行观测的时候经常与效率评定相结合,所以,观测人员一般需要2~3人。

3. 整理分析阶段

(1) 计算延续时间

计算延续时间并填入工作日写实观测记录表中的"工时代号"栏中。计算延续时间相对简单,就是用本项活动的终止时间减去前一项活动的终止时间即可。难的是将该项活动的消耗时间按照第3章中的时间消耗分类体系进行归类,只有归类准确,汇总的数据才可用,在此基础上才能进行正确的分析并提出可供参考的改善意见。在计算延续时间并将其归类的过程中,需要注意有时候会存在交叉时间的问题。

(2) 对同类工时的消耗进行汇总

在正确分类的基础上,只需要将每列的数据汇总到表格中的最后一行"合计"栏即可。

(3) 对数据的整理分析

对写实数据的整理分析,通常可以用于:

① 制定时间消耗规范,也就是确定该工种工作轮班时间消耗的结构——确定作业时间、作业宽放、个人需要与休息宽放、准备与结束时间占整个工作轮班时间的比例,其原理是消灭写实中出现的非定额时间,将其全部用于定额时间(用于作业时间的比例尽量大一些)。

② 分析工时利用情况并计算可能提高的劳动生产率。可能提高的劳动生产率来源于两个方面:一是消除非定额时间;二是提高定额时间的工作效率。消除非定额时间只需要将非定额时间全部用于定额时间即可,提高定额时间的工作效率则主要是对照已有的劳动定额,当写实对象的实际完成定额低于劳动定额时,则说明定额时间的工作效率存在提升空间。

6.1.3　其他类型的工作日写实方法

1. 工组工作日写实

如前所述,工组工作日写实是一名观测人员对在一个或多个工作地工作的一组人员在一个工作轮班内的全部工时消耗情况进行观测、记录和整理分析的一种写实方法。显然,工组工作日写实对观测人员的要求更高,并且因为观测对象数量增加,所以方法上也要做相应调整。其主要调整的方面包括:

(1) 观测时间间隔

对个人进行观测的时候,因为观测对象是一个人,所以并不需要要考虑观测时间间隔问题,对工组进行观测的时候,观测时间间隔要根据观测的现场实际需要确定。对此,还没有形成一致意见。有的学者建议,观测3～7人时为1～2分钟;8～12人时不超过5

分钟。也有的学者建议,观测 3 个人时为 0.5～1 分钟;观测 4～7 人时为 1～2 分钟;8～10 人时为 3～4 分钟。

(2)表格的设计

在个人写实记录表中,将"时间代号"作为列的栏目,将事项作为行的栏目,观测时需要将事项对应的时间填写在相应栏目中。在工组工作日写实中,则将班组成员姓名作为列的栏目,将固定的时间间隔作为行的栏目,观测的时候需要将在每个时间间隔中每位班组成员的活动情况用时间代号记录下来。

因为工组工作日写实是按照一定的时间间隔进行观测的,所以其误差超过个人工作日写实。

2. 多设备工作日写实

多设备工作日写实是对看管多设备的一名或一组员工在一个工作轮班内全部工时消耗情况进行观测、记录和整理分析的一种写实方法。多设备写实的原理和方法与工组工作日写实完全相同,只是工组工作日写实的对象是人,多设备工作日写实的对象是设备。在进行多设备工作日写实的时候,不仅需要观测记录多台设备的工时消耗情况,还需要观测记录设备的利用情况,见表 6-5。

表 6-5 多设备工作日写实观测记录表

代号	观测事项	经过时间	延续时间	设备代号					
				1		2		3	
				经过	延续	经过	延续	经过	延续

6.1.4 个人工作日写实实例

在明确了工作日写实的方法、步骤之后,就可以到企业开展工作日写实了。表 6-6 是 2014 年完成的一个工作日写实观测记录表实例,表 6-7 则是表 6-6 的汇总表。

表 6-6 工作日写实观测记录表

序号	事项	起止时间	时间类别及时间代号								交叉序号	备注
			t_z	t_{zk}	t_{xk}	t_{zj}	t_{zf}	t_{gf}	t_{zt}	t_{gt}		
			延续时间(min)									
1	开始工作	9:00										
2	迟到	9:10								10		
3	上厕所	9:15			5							

续表

序号	事项	起止时间	时间类别及时间代号								交叉序号	备注
			t_z	t_{zk}	t_{xk}	t_{zj}	t_{zf}	t_{gf}	t_{zt}	t_{gt}		
			延续时间(min)									
4	看图纸	9:19				4						
5	领工具	9:25				6						
6	刃磨车刀	9:45				20						
7	装夹车刀	9:53				8						
8	安装工件	9:58	5									
9	清理刀具	10:04			6							
10	测量工件	10:05	1									
11	加工工件	10:30	25									
11-1	洗手	10:05~10:06				(1)					(11)	
11-2	用电脑看图纸	10:06~10:10						(4)			(11)	
11-3	上厕所	10:10~10:16				(6)					(11)	
11-4	用电脑看图纸	10:16~10:30						(14)			(11)	
12	卸工件	10:32	2									1件
13	清除工件上的切屑	10:33			1							
14	清洁铣床	10:34			1							
15	与同事聊天	10:50							16			
16	安装工件	10:55	5									
17	测量工件	10:56	1									
18	抽烟	11:05				9						
19	加工工件	11:30	25									
19-1	洗手	11:05~11:07				(2)					(19)	
19-2	设计图纸	11:07~11:30						(23)			(19)	
20	浏览网页	11:35								5		
21	与同事讨论图纸	11:40					5					
22	卸工件	11:42	2									2件
23	清理工件	11:43			1							
24	清洁铣床	11:44			1							
25	安装工件	11:48	4									

续表

序号	事项	起止时间	t_z	t_{zk}	t_{xk}	t_{zj}	t_{zf}	t_{gj}	t_{zt}	t_{gt}	交叉序号	备注
			延续时间(min)									
26	测量工件	11:49	1									
27	加工工件	12:10	21									
27-1	设计图纸	11:50~12:00					(10)				(27)	
28	卸下工件	12:11	1									3件
29	清理工件	12:12		1								
30	清洁铣床	12:13		1								
31	上厕所	12:15			2							
32	安装工件	12:18	3									
33	测量工件	12:19	1									
34	加工工件	12:39	20									
34-1	用电脑看图纸	12:20~12:39					(19)				(34)	
35	卸工件	12:40	1									4件
36	清洁工件	12:41		1								
37	清洁铣床	12:42		1								
38	安装工件	12:45	3									
39	测量工件	12:46	1									
40	加工工件	13:06	20									
40-1	看电影	12:50~13:00							(10)		(40)	
41	卸工件	13:08	2									5件
42	清洁工件	13:09		1								
43	清洁铣床	13:10		1								
44	午间休息	13:10~14:00										
45	安装工件	14:04	4									
46	测量工件	14:05	1									
47	加工工件	14:26	21									
48	卸工件	14:27	1									6件
49	清洁工件	14:28		1								
50	清洁铣床	14:29		1								
51	安装工件	14:33	4									
52	测量工件	14:34	1									
53	加工工件	14:56	22									

续表

序号	事项	起止时间	t_z	t_{zk}	t_{xk}	t_{zj}	t_{zf}	t_{gf}	t_{zt}	t_{gt}	交叉序号	备注
			延续时间(min)									
53-1	吃西瓜	14:40～14:55							(15)		(53)	
54	卸工件	14:58	2									7件
55	清洁工件	14:59		1								
56	清洁铣床	15:00		1								
57	安装工件	15:02	2									
58	测量工件	15:03	1									
59	加工工件	15:24	21									
60	卸工件	15:25	1									8件
61	清洁工件	15:26		1								
62	清洁铣床	15:27		1								
63	安装工件	15:29	2									
64	测量工件	15:30	1									
65	加工工件	15:50	20									
65-1	设计图纸	15:35～15:50					(15)				(65)	
66	卸工件	15:51	1									9件
67	清理工件	15:52		1								
68	清洁铣床	15:53		1								
69	安装工件	15:57	4									
70	测量工件	15:58	1									
71	加工工件	16:20	22									
71-1	浏览网页	16:00～16:15								(15)	(71)	
72	卸工件	16:21	1									10件
73	清理工件	16:22		1								
74	清洁铣床	16:23		1								
75	安装工件	16:26	3									
76	测量工件	16:27	1									
77	加工工件	16:48	21									
77-1	与上司讨论图纸	16:30～16:45					(15)				(77)	
78	卸工件	16:50	2									11件
79	清理工件	16:51		1								
80	清洁铣床	16:52		1								

续表

序号	事项	起止时间	时间类别及时间代号								交叉序号	备注
			t_z	t_{zk}	t_{xk}	t_{zj}	t_{zf}	t_{gf}	t_{zt}	t_{gt}		
			延续时间(min)									
81	安装工件	16:54	2									
82	测量工件	16:55	1									
83	加工工件	17:16	21									
83-1	休息	16:58~17:10			(12)						(83)	
84	卸工件	17:17	1									12件
85	清理工件	17:18		1								
86	清洁铣床	17:19		1								
87	安装工件	17:22	3									
88	测量工件	17:23	1									
89	加工工件	17:45	22									
89-1	打电话	17:30~17:45							(15)		(89)	
90	卸工件	17:47	2									13件
91	清理工件	17:48		1								
92	清洁铣床	17:49		1								
93	检查铣床	17:53		4								
94	打扫	17:56		3								
95	提前下班	18:00						5				
合计		490	357	39	16	38	5	0	0	35	0	

备注：①因为中午下班延迟 10 分钟，导致上班时间由 480min 变为 490min。这 10 分钟被用作：作业时间 8min；作业宽放 2min。在汇总表中应从相关数据中扣除。
②交叉时间中，个人休息宽放 21min；组织原因造成的非生产工作时间 100min；个人原因造成的停工时间 35min。

表 6-7 工作日写实汇总表

地点	工人	时间	生产	定额
车间：机械加工 种类：数控 设备：DTG850 编号：02	姓名：唐× 工种：铣工 等级：中级 工龄：6年	时期：2014年5月21日 班次：09:00-18:00	工件名称：支架 图号：1409 计划产量：11件 实际产量：13件	时间定额： 35min/件 T_{zj}:24min

工时类别		工时代号	工时消耗			另：交叉时间(min)
			时间(min)	占工作日比重(%)	与作业时间比例(%)	
定额时间 (t_d)	作业时间	t_z	349	72.71	100.00	
	作业宽放时间	t_{zk}	37	7.71	10.60	
	休息宽放时间	t_{xk}	16	3.33	4.58	21
	准备结束时间	t_{zj}	38	7.92	10.89	
	总计		440	91.67	126.07	21

续表

工时类别		工时代号	工时消耗			另：交叉时间（min）
			时间（min）	占工作日比重(%)	与作业时间比例(%)	
非定额时间（t_{fd}）	组织造成的非生产时间	t_{zf}	5	1.04	1.43	100
	个人造成的非生产时间	t_{gf}	0.00	0.00	0.00	
	组织造成的停工时间	t_{zt}	0.00	0.00	0.00	
	个人造成的停工时间	t_{gt}	35	7.29	10.03	35
	总计		40	8.33	11.46	135
总计			480	100	137.53	156
可能提高的劳动生产率	假设定额时间合理	消除组织造成的非生产工作时间	$M_1 = t_{zf}/t_d = 5/440 = 1.14\%$			
		消除个人造成的非生产工作时间	$M_2 = t_{gf}/t_d = 0/440 = 0.00\%$			
		消除组织造成的停工工作时间	$M_3 = t_{zt}/t_d = 0/440 = 0.00\%$			
		消除个人造成的停工时间	$M_4 = t_{gt}/t_d = 35/440 = 7.95\%$			
		合计	$M_1 + M_2 + M_3 + M_4 = 1.14\% + 7.95\% = 9.09\%$			
	假设时间定额合理	消除组织造成的非生产工作时间	$M_1 = t_{zf}/T_d = 5/(35 \times 13 + 24) = 1.04\%$			
		消除个人造成的非生产工作时间	$M_2 = t_{gf}/T_d = 0/(35 \times 13 + 24) = 0.00\%$			
		消除组织造成的停工工作时间	$M_3 = t_{zt}/T_d = 0/(35 \times 13 + 24) = 0.00\%$			
		消除个人造成的停工时间	$M_4 = t_{gt}/T_d = 35/(35 \times 13 + 24) = 7.31\%$			
		消除超定额实际消耗定额时间	$M_5 = (t_d - T_d)/T_d = [440 - (35 \times 13 + 24)]/(35 \times 13 + 24) = -8.14\%$			
		合计	$M_1 + M_2 + M_3 + M_4 + M_5 = 1.04\% + 7.31\% - 8.14\% = 0.21\%$			
说明		1. 假设定额时间合理可以提高的劳动生产率是仅消除非定额时间，提高定额时间比率的结果 2. 假设时间定额合理可以提高的劳动生产率是消除所有不合理时间消耗，提高时间利用效率的结果				
观测者：蒙×× 2014 年 5 月 21 日			审核者：罗×× 2014 年 5 月 21 日			

工作日写实分析：

根据汇总表的相关数据，特别是假设定额时间合理和假设时间定额合理的数据，可以发现该岗位的工作效率没有太大的提升空间，员工不仅非定额时间较少，而且作业宽放时间和个人需要与休息宽放时间也不多，似乎不合常理。进一步梳理数据发现，在加工过程中有大量的交叉时间，交叉时间中，个人需要与休息宽放 21min，组织原因造成的非生产工作时间 100min，个人原因造成的停工时间 35min。其中最大的部分是组织原因造成的非生产工作时间。这部分时间主要是用于设计图纸及相关工作。对操作者来说，设计图纸并非其岗位工作，所以将其列为组织原因造成的非生产工作时间。交叉时间较多也表明，该岗位机动时间较长，可以考虑让操作者一人多机，也就是看管多台设备，以提高工时利用效率。

6.2 工作抽样法

6.2.1 工作抽样法的概念

1. 工作抽样法的定义与特征

(1)工作抽样法的定义

工作抽样法是按照随机原则从全部研究对象中抽取部分对象进行观测,根据抽样结果运用概率原理对全部研究对象的数量特征作出具有一定可靠度和精度的估计和推断。

工作抽样法是抽样调查的一种。抽样调查是通过样本资料推断总体资料,因此特别适用于调查对象个数较多,调查不容易进行、破坏性检验等情形。

抽样调查需要遵循两个基本原则:随机性原则、误差控制原则(样本量足够大)。

(2)工作抽样法的特点

工作抽样法是一种抽样调查法,所以也具有抽样调查的特点。抽样调查法的特点是速度快、周期短、精度高、成本低,即在保证采集数据精度的前提下,花费较低的调查费用就可以迅速收集到需要的数据,提高数据采集的效率,节约大量人力和物力。

除此之外,工作抽样法研究的是时间消耗问题,在时间研究领域,工时抽样与特征数据相关,而与变量数据无关。对时间研究而言,关注的是工作状态,即操作者是工作还是不工作,机器运转还是不运转,这种只包括两种情况的频数分布就是二项分布。当二项分布的样本量较大时,其频数分布接近于正态分布。

2. 工作抽样法的原理

工作抽样法的原理是工作抽样获得的结果服从二项分布,当调查事项的发生率 p 达到5%以上或抽样观测次数与发生率的乘积大于等于5($np \geq 5$),二项分布非常接近正态分布,见表6-8。

表6-8 正态分布概率表

范围	$\pm 0.76\sigma$	$\pm 1\sigma$	$\pm 1.96\sigma$	$\pm 2\sigma$	$\pm 2.58\sigma$	$\pm 3\sigma$	$\pm 4\sigma$
概率(%)	50.0	68.25	95.0	95.45	99.0	99.73	99.99

按照二项分布,假设对从事粗车工序工人进行了 n 次随机观测,发现在 n 次中该名工人有 r 次从事定额活动,以 $p=r/n$ 表示定额活动率,那么该现象呈 $\binom{n}{r}p^r(1-p)^{n-r}$ 的二项分布。

用相对数表示的二项分布的期望值、方差和标准差为:

期望值 $\qquad\qquad\qquad E(p)=p \qquad\qquad\qquad$ (6-1)

方差为 $\qquad\qquad\qquad V(p)=\dfrac{p(1-p)}{n} \qquad\qquad\qquad$ (6-2)

标准差为 $\qquad\qquad\qquad \sigma=\sqrt{\dfrac{p(1-p)}{n}} \qquad\qquad\qquad$ (6-3)

如前所述,当二项分布的样本量较大时,其频数分布接近于正态分布。一般情形下,取 95% 的可靠度即可满足调查需要,按照正态分布性质,当可靠度为 95% 时,其对应的概率约为 2 倍正负标准偏差,即绝对误差 E 为标准差 σ 的 2 倍(见图 6-1)。因为绝对误差 E 等于事项发生率 p 与相对误差 S 的乘积,所以:

$$E=S\times p=2\sigma \qquad\qquad (6-4)$$

式中:E——绝对误差 S——相对误差 p——发生率

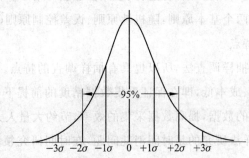

图 6-1 标准正态分布图

根据式(6-3)和式(6-4)得

$$E=S\times p=2\sqrt{\dfrac{p(1-p)}{n}} \Rightarrow S^2p^2=\dfrac{4p(1-p)}{n} \Rightarrow$$

$$E=2\sqrt{\dfrac{p(1-p)}{n}} \qquad\qquad (6-5)$$

$$S=2\sqrt{\dfrac{(1-p)}{np}} \qquad\qquad (6-6)$$

$$n=\dfrac{4(1-p)}{S^2p} \qquad\qquad (6-7)$$

$$n=\dfrac{4p(1-p)}{E^2} \qquad\qquad (6-8)$$

式中：n——抽取的样本数量

【例 6-1】 对某台设备的运转情况进行了 100 次随机观测，其中 30 次不运转，请计算这台设备的标准误差。

解：设备运转的发生率为

$$p = \frac{r}{n} = \frac{100-30}{100} \times 100\% = 70\%$$

根据公式(6-3)得

$$\sigma = \sqrt{\frac{p(1-p)}{n}} = \sqrt{\frac{70\times(1-70\%)}{100}} = 0.0458(即 4.58\%)$$

根据计算结果，该设备的开动率有 95% 的把握落在 [70%-2×4.58%，70%+2×4.58%] 的范围内，即 [60.84%，79.16%] 范围内。

【例 6-2】 对某作业进行了 100 次观测，其中基本作业时间 62 次，问实测的基本作业时间发生率和误差是多少？若要求可靠性达到 95%，误差为 5%，应观测多少次？

解：

实测基本作业发生率 $p = \frac{62}{100} \times 100\% = 62\%$，代入式(6-5)得：

$$E = 2\sqrt{\frac{62\%\times(1-62\%)}{100}} \times 100\% = 9.7\%$$

在可靠性为 95%，误差 E 为 5% 时，根据式(6-8)，应观测次数为：

$$n = \frac{4p(1-p)}{E^2} = \frac{4\times62\times(1-62\%)}{0.05^2} = 376.96 \approx 377 次$$

6.2.2 工作抽样法的步骤

1. 工作抽样法的准备工作

(1) 明确目的

工作抽样可以用于调查各岗位的工时利用情况、设备运行情况，也可以用于制定劳动定额特别是制定作业宽放和个人需要与休息宽放率等。不同的用途对调查数据的精度要求也不同，如果工作抽样是为了了解工时利用情况，则可靠度取 95%，相对精度取 ±10% 即可；如果是为了制定工时宽放率、制定劳动定额标准，则相对精度至少应该提高到 ±5%。

(2) 确定观测对象

一方面，观测对象的确定与所使用的方法相关。如果仅仅使用工作抽样法，那么就需要选择中等水平操作者；如果将工作抽样与效率评定方法相结合，那么就可以选择任何水平的操作者。另一方面,观测对象的确定与对调查数据的精度要求相关。如果调查数据的精度要求高,可以对全部对象的时间消耗情况进行抽样观测;如果对调查数据的精度要求不是那么高,那么可以对部分对象时间消耗情况进行抽样观测。

(3)确定观测项目

确定观测项目的目的是为了满足工作抽样调查的需要。

①如果工作抽样是为了了解工时利用情况,那么只要将观测项目分为开工与停工即可。

②如果是为了制定劳动定额标准,那么就需要根据生产批量和工作方法的不同进行分类。对于大批大量生产,对观测项目的划分要细一些,对单件小批生产则宜粗一些。

对于单纯的工作抽样法,需要将工作轮班时间分为:作业时间、作业宽放时间、个人需要与休息宽放时间、准备与结束时间、非生产工作时间、停工时间。

对于工作抽样一评定法,则一般将工作轮班时间划分为:机动作业时间、手动作业时间、作业宽放时间、个人需要与休息宽放时间、准备与结束时间、非生产工作时间、停工时间。

(4)进行预观测

预观测是正式工作抽样的预演,通过预观测,可以对观测对象和观测项目、巡回路线进行检验,了解出现各个作业项目的大致比率,为制订观测计划、计算观测次数等提供依据。

(5)确定观测次数

观测次数的确定按照公式(6-7)、公式(6-8)确定。

(6)确定观测时刻

观测时刻的确定要体现抽样调查的随机性原则的要求。其可以使用的方法较多。有的使用乱数表或计算机软件产生随机数,通过对随机数的各个数字赋予一定的含义来实现;有的采用卡片抽签的方式来实现,即按照一定的时间间隔制作卡片,在需要使用的时候从所有卡片中随机抽取来确定观测时刻的方法。

(7)制定现场观测工作计划

根据参与观测的劳动定额人员数量、观测次数等,制定包含观测人员分组、观测对象范围、各组每日巡回计划、观测时刻确定方法等在内的现场观测计划。

2. 工作抽样法的实施

工作抽样法实施的注意事项:

(1)确保观测的随机性;

(2)准时到达观测地点进行观测;

(3)记录的必须是第一眼看到的事项;

(4)对非中等水平的操作者进行观测,通常要结合效率评定法进行效率评价;

(5)完成计划的观测次数。

3. 工作抽样法的整理分析

对工作抽样的结果进行整理分析包括:

(1)汇总观测结果

在本阶段,需要计算项目发生率:

$$某项目发生率 p = \frac{某项目某日发生次数}{一日的观测次数} \times 100\% \qquad (6-9)$$

(2)对获得的数据进行检验,剔除异常值。

检验的方法是采用控制界限的方法,即:超过控制界限 $p \pm 3\sigma$ 的就视为异常。

【例 6-3】 对机械加工分厂的数控铣床进行了为期 10 天的工作抽样观测,相关数据见表 6-9。试计算其控制界限并剔除异常值,并判断观测能否满足 95% 的可靠性,6% 的绝对精度要求。

表 6-9 数控铣床开动率观测数据

观测日期	观测次数	设备开动次数	设备开动率(%)
2014 年 8 月 11 日	100	85	85
2014 年 8 月 12 日	100	83	83
2014 年 8 月 13 日	100	83	83
2014 年 8 月 14 日	100	79	79
2014 年 8 月 15 日	100	78	78
2014 年 8 月 18 日	100	87	87
2014 年 8 月 19 日	100	85	85
2014 年 8 月 20 日	100	82	82
2014 年 8 月 21 日	100	66	66
2014 年 8 月 22 日	100	79	79
合计	1 000	807	80.7

解:第一步,根据公式(6-3)计算标准差:

$$\sigma = \sqrt{\frac{p(1-p)}{n}} = \sqrt{\frac{80.7\% \times (1 - 80.7\%)}{1\,000 \div 10}} = 0.039\,5$$

第二步,计算控制界限:

$$控制界限 = p \pm 3\sigma = 0.807 \pm 3 \times 0.039\,5 = 0.807 \pm 0.118\,5$$

即上界限为 0.925 5,下界限为 0.668 5。

第三步,剔除异常值:

经对比,仅 8 月 21 日的观测值超出了下界限。因此,需要将这一天的值去除。然后计算新的设备开动率平均值($p=82.33\%$)再进行检验,直至全部数据符合要求。

第四步,计算总观测次数

根据95%的可靠性和6%的绝对精度要求,计算总观测次数:

$$n = \frac{4p(1-p)}{E^2} = \frac{4 \times 82.33\% \times (1-82.33\%)}{0.06^2} = 161.6 \text{ 次} \approx 162 \text{ 次}$$

有效观测次数为900次,已经远超162次,所以能满足95%的可靠性,6%的绝对精度要求。在95%的可靠性前提下,900次的观测得到的绝对精度为:

$$E = 2\sqrt{\frac{p(1-p)}{n}} = 2\sqrt{\frac{0.8233 \times (1-0.8233)}{900}} = 0.0254$$

即此时的绝对精度为2.54%。

(3)制定劳动定额

制定劳动定额要根据定额时间的四个类别:作业时间、作业宽放时间、个人需要与休息宽放时间和准备与结束时间,分别确定各个时间标准。

在使用工作抽样法制定劳动定额的时候,因为瞬间观察的特点,对于不在岗位的情形,需要问清楚去向及活动内容;同时对于表现为"停工"的情形,有可能是宽放时间,也有可能是非定额时间,所以,也需要——弄清楚。正因为如此,在通过工作抽样法进行观测时,常常将作业宽放时间和个人需要与休息宽放时间统一看做宽放时间,这样只需要制定一个宽放率即可。

如果使用的方法是将工作抽样与效率评定法相结合,那么,需要在进行工作抽样的同时对不同活动分别进行效率评定。例如,对机动作业进行效率评定,对手动作业进行效率评定,对宽放活动进行效率评定。最后可以将各项活动出现的频次作为权重,进行加权平均得到综合效率评定系数,在此基础上制定劳动定额。

6.2.3 工作抽样法实例

【例6-4】 某企业倒库工序工作抽样实例

某厂对倒库工序采取工作抽样法——效率评定法进行实际消耗时间测定,以制定劳动定额。倒库是用机动车从甲库将装好的减速机运到乙库。减速机每箱重20kg,每车装10箱。倒库工序可分为如下作业:甲库装货上车、运送到乙库、卸车码垛、空车返回甲库。

预观测得知,装货上车、运送到库、卸车码垛、空车返回、宽放发生率分别为22%、25%、15%、18%、20%。通过计算得知,当可靠性为95%,相对误差为7%时的观测次数分别需要2894 $\left(n = \frac{4(1-p)}{S^2 p} = \frac{4(1-0.22)}{0.07^2 \times 0.22} = 2894,下同\right)$、2449、4626、3719、3265次。

以最大次数算,观测 5 000 次。该工序共有 10 名操作者,需要 10 名观测员,以一名观测员每天观测 100 次算,共需要观测 5 天。

10 名观测人员从该月 9 日开始到 13 日,共观测了 5 天,每人每天观测 100 次,共观测 5 000 次,共倒货 2 000 车(20 000 箱)。因本例是大批大量生产,故准备结束时间忽略不计,也因为是大批大量生产,所以花费大量人力去观测是值得的。

查有关运输手册得知:机动车实载和空载行车的标准速度为 50km/h。

查有关劳动定额标准手册可以得知,该作业宽放应占工作轮班时间的 15%。

表 6-10 是其中的一张倒库工作抽样效率评定现场观测记录表。每名观测人员一天记录一张,10 人 5 天共形成 50 张数字不同的该表格。

表 6-10 倒库工序抽样评定现场观测记录表

操作者:王大成　　　　　观测者:韩明　　　　　观测时间:2009.2.9

活动内容	活动性质	观测次数	评定指标	评定数值				
装货上车	手动	正	评定系数	1.15	1.15	1.10	1.05	1.15
		正		1.10	1.05	1.05	1.15	1.15
		正		1.05	1.10	1.10	1.10	1.05
		正		1.10	1.15	1.15	1.10	1.05
运货到库	机动	正	行车速度 (km/h)	45	50	40	45	50
		正		40	50	45	45	50
		正		45	45	50	40	40
		正		45	45	40	50	45
		下			40	45	50	
卸车码垛	手动	正	评定系数	0.95	0.95	0.90	0.90	0.90
		正		0.85	0.85	0.90	0.95	0.95
		正		0.95	0.95	0.85	0.90	0.90
		下			0.85	0.85	0.90	
空车返回	机动	正	行车速度 (km/h)	50	50	50	50	50
		正		50	50	50	50	50
		正		50	50	50	50	50
		下			50	50	50	
宽放及停工	手动及不动	正						
		正		—			—	
		正						
		—						
非生产工作	手动及不动	正		—			—	

(资料来源:周占文. 新编劳动定额定员学[M]. 北京:电子工业出版社,2009)

请根据观测记录表制定时间定额。

解：第一步，汇总观测记录表

将50张《倒库工序抽样评定现场观测记录表》汇总到表6-11。

表6-11 倒库工序抽样评定汇总表

操作者：王大成等10人　　观测者：韩明等10人　　观测时间：2009.2.9—2009.2.13

活动内容 （1）	活动性质 （2）	观测次数 f （3）	评定指标 （4）	评定结果 x （5）	平均评定数值 $(6)=\dfrac{\sum (3)\times(5)}{\sum(3)}$	平均评定系数 （7）
装货上车	手动	300 350 250	评定系数	1.15 1.10 1.05	1.10	1.10
运货到库	机动	420 400 380	行车速度 (km/h)	50 45 40	45	$\dfrac{45}{50}=0.90$
卸车码垛	手动	250 300 250	评定系数	0.95 0.90 0.85	0.90	0.90
空车返回	机动	900	行车速度 (km/h)	50	50	$\dfrac{50}{50}=1.0$
宽放及停工	手动及不动	1 000	—	—	—	—
非生产工作	手动及不动	200	—	—	—	—

从表6-11得知：

(1)在5 000次的观测中，有3 800次属于作业时间；1 000次属于宽放停工；200次是非生产工作。

(2)装货上车共900次，平均评定系数为1.10；运货到库1 200次，平均评定系数为0.90；卸车码垛800次，平均评定系数为0.90；空车返回900次，平均评定系数为1.0。

第二步，制定劳动定额

本例属于大量生产，准备与结束时间可以忽略不计，所以：

$$\text{时间定额}=\text{作业时间定额}+\text{宽放时间定额} \tag{6-10}$$

(1) 计算作业时间定额

$$\text{作业时间定额}=\dfrac{\text{用于作业的有效时间}}{\text{倒库车数}}\times\text{效率评定系数} \tag{6-11}$$

① 计算用于作业的有效时间：

$$\text{用于作业的有效时间}=\text{制度工作时间}\times\text{时间利用率} \tag{6-12}$$

$$\text{制度工作时间}=\text{每天制度工时}\times\text{工作天数}\times\text{工作人数} \tag{6-13}$$

$$\text{时间利用率}=\text{用于作业活动的次数}/\text{总观测次数} \tag{6-14}$$

因为用于作业活动的次数是3 800次，总观测次数为5 000次，由公式(6-12)、公式

(6-13)、公式(6-14)得：

$$用于作业的有效时间 = 8 \times 5 \times 10 \times \frac{3\,800}{5\,000} = 304(小时) \tag{6-15}$$

②计算效率评定系数：

因为已经知道各项作业活动的单项效率评定系数，所以可以用加权平均方法计算效率评定系数。

装货上车共 900 次，平均评定系数为 1.10；运货到库 1 200 次，平均评定系数为 0.90；卸车码垛 800 次，平均评定系数为 0.90；空车返回 900 次，平均评定系数为 1.0。

$$效率评定系数 \bar{x} = \frac{\sum xf}{\sum f} = \frac{1.10 \times 900 + 0.90 \times 1\,200 + 0.90 \times 800 + 1.0 \times 900}{900 + 1\,200 + 800 + 900}$$

$$= \frac{3\,690}{3\,800} = 0.971 \tag{6-16}$$

已知倒库车数为 2 000 车，根据式(6-11)、式(6-15)、式(6-16)得：

$$作业时间定额 = \frac{用于作业的有效时间}{倒库车数} \times 效率评定系数 = \frac{304}{2\,000} \times 0.971$$

$$= 0.147\,6(小时/车) \tag{6-17}$$

(2)计算宽放时间定额

查有关劳动定额标准手册可以得知，该作业宽放应占工作轮班时间的 15%。

10 名操作者 5 天的工作轮班时间为 400 小时，所以宽放时间总额为 400×15%＝60(小时)，每倒库一车货的宽放时间为：

$$宽放时间定额 = \frac{宽放时间总额}{倒库车数} = \frac{60}{2\,000} = 0.03(小时/车) \tag{6-18}$$

根据式(6-10)、式(6-17)、式(6-18)可以计算出倒库工序的劳动定额：

时间定额＝作业时间定额＋宽放时间定额＝0.147 6＋0.03＝0.177 6(小时/车)

6.3 思考题

1. 什么是工作日写实？工作日写实有哪些类型？
2. 什么是工作抽样法？工作抽样法应该遵循什么原则？

3. 工作日写实的步骤有哪些?

4. 对某作业进行了300次观测,其中基本作业时间240次,问实测的基本作业时间发生率和误差是多少?若要求可靠性达到95%,误差为3%,应观测多少次?

5. 对某企业的数控加工中心进行了为期10天的工作抽样观测,相关数据见表6-12。试计算其控制界限并剔除异常值,并判断观测能否满足95%的可靠性,5%的绝对精度要求。

表 6-12 数控加工中心开动率观测数据表

观测日期	观测次数	设备开动次数	设备开动率(%)
2014年10月13日	200	230	
2014年10月14日	200	235	
2014年10月15日	200	248	
2014年10月16日	200	220	
2014年10月17日	200	210	
2014年10月20日	200	200	
2014年10月21日	200	250	
2014年10月22日	200	254	
2014年10月23日	200	246	
2014年10月24日	200	228	
合计	2 000		

第 7 章
模特排时法

教学目的

通过本章的学习，要求掌握以下知识点：
- 模特排时法的原理
- 模特排时法的动作分类、符号及其对应的时间值
- 应用模特排时法制定劳动定额

第 1 章
模拟的批判方法

- 了解模拟的本质，以及与相关概念的区别
- 熟悉模拟批判的方法
- 能够批判地阅读文献上所报道的模拟结果
- 能够用所学知识，科学地组织模拟

案例 7-1　奶茶店的劳动定额

杨辉是桂林航天工业学院 2013 级人力资源管理专业的学生,他最近对奶茶特别感兴趣。不是他喜欢喝奶茶,而是校门口那家奶茶店的服务员在做奶茶时体现出来的韵律吸引了他——每个动作似乎都是按照一定的节拍在进行着,左右手配合默契,动作简洁、高效,微微翘起的小拇指让人感觉优雅而迷人。这个学期他正在学习劳动定额课程,他尝试用在劳动定额课程中学到的知识来为奶茶店制定加工奶茶的劳动定额。他首先将相关操作写下来:

左手抓杯子,右手掀开冰柜盖子→左手将杯子拿到冰柜附近,右手抓住勺子→左手持住杯子,右手用勺子舀奶茶→左手持住杯子,右手将奶茶倒入杯子→左手将杯子放进封装机的夹具里,右手抓住封装机操作手柄……

杨辉写完全部操作之后,发现奶茶的制作过程和其他机械制造企业有些不一样,在机械制造企业,存在大量机动时间,而奶茶制作几乎都是手动时间。他之前没有学过针对纯手工作业的方法,他想,对手工作业,一般人的速度相差都不远,可以视为一个常数值,那么,有没有方法不需要测时、写实就能制定劳动定额呢?

在奶茶店的案例中,面临的问题是大量的手动作业。这似乎是服务业普遍存在的特点,并且,不仅在服务业,在手工工艺品制作行业、在制造业中的装配环节等也存在大量的手工作业。本章所学习的模特排时法,对存在大量手工作业的情形不需要进行写实、测时就能完成作业时间的制定。

7.1 预定动作时间标准与模特排时法简介

7.1.1 预定动作时间标准

1. 预定动作时间标准的基本概念

预定动作时间标准是根据完成作业实际需要的标准动作,从预先制定出的各种标准动作的时间标准中,查得作业时间值,加以宽放,最后得到劳动定额的方法。

在预定动作时间标准中,已经包含了以下几项工作:

(1) 对完成作业的实际动作进行描述

这是使用预定动作时间标准的基础,也是最为关键的一项工作。使用预定动作时间标准的实践证明,大部分的偏差都来自于动作描述,或者是描述有缺漏、或者是描述不准确等。

(2) 将动作描述转化为标准动作

这需要工作人员熟悉预定动作时间标准的各个标准动作及其含义。

(3) 从标准动作库中查得标准时间

值得注意的是,从标准动作库中查得的时间是纯动作时间,即作业时间,不包括宽放时间。

(4) 确定宽放时间

在预定动作时间标准中,并未提供宽放率,因此在确定宽放率时需要借用其他方法产生的宽放率标准。

(5) 确定劳动定额

将作业时间加上宽放时间和准备与结束时间即可得到劳动定额。

2. 预定动作时间标准的种类

自1924年提出MTA以来,近百年来预定动作时间标准得到较大的发展,相继出现了40余种预定动作时间标准的方法。典型的预定动作时间标准如表7-1所示。

表7-1 预定动作时间标准的典型方式

方式的名称	采用时间	编制数据方法	创始人
动作时间分析(MTA)	1924	电影微动作分析、波形自动记录图	赛格
肢体动作分析	1938		霍尔姆斯
装配工作的动作时间数据	1938	时间研究现场作业片,实验室研究	恩格斯托姆 盖皮恩格尔
工作因素体系(WF)	1938	时间研究现场作业片,用频闪观测器摄影进行研究	奎克、谢安、科勒
基本手工劳动要素时间标准	1942	波形自动记录器作业片,电时间记录器	西屋电气公司
方法时间衡量(MTM)	1948	时间研究现场作业片	梅纳德、斯坦门丁、斯克瓦布
基本动作时间研究(BMT)	1950	实验室研究	普雷斯格利夫
空间动作时间(DMT)	1952	实践研究影片、实验室研究	盖皮恩格尔
预定认为动作时间(HPT)	1952	现场作业片	拉扎拉斯
模特排时法	1966		海蒂

(资料来源:中华全国总工会保障工作部,北京神州比杰定额标准技术研究中心. 劳动定员定额工作手册[M]. 北京:中国工人出版社,2012)

在《劳动定员定额术语》(GB/T 14002—2008)中,也介绍了三种预定动作时间标准方法:

(1) 时间衡量法

将人的操作分解为伸手(R)、运物(M)、身体辅助动作、旋转(T)、加压(AP)、旋摆(C)、握取(G)、放手(RL)、对准(P)、拆卸(D)、视觉时间(E)、全身动作等基本动作要素,并根据移动距离、工件重量、难易程度、对称性等影响因素分别设定标准时间,以此对现行作业进行衡量确定其标准时间。

(2) 工作因素分析法

将人的操作分解为手指和手运动、手臂运动、腿部运动、躯干运动、前臂扭转运动、脚运动、头部转动、步行8种基本动作,根据动作移动距离设立基础时间,并设定重量和阻力、停顿、引导、谨慎、改变方向5种影响操作的不利因素及其工时消耗标准,据此对现行操作进行衡量,计算出作业标准时间。

(3) 模特排时法

将人的操作活动划分为4大类21种基本动作,每一种基本动作赋予特定的分类符号,代表动作内容、时间值。以此对现行作业进行衡量,计算出作业标准时间。

随着科技的不断进步,市场需求不断变化,企业产品的更新换代速度加快,产品生产由大批大量生产逐步向多品种、小批量生产转变。在众多的预定动作时间标准中,一些方法现在已经不再适用了,一些方法因为适合当前的多品种、小批量生产还在广泛使用,例如模特排时法。

7.1.2　模特排时法概述

1. 模特排时法的原理

模特排时法的基本原理从根本上说是人体动作及其所需时间的一致性(或称相似性)。

(1) 人的操作活动由一些基本动作组成

无论是制造业还是服务业,所有的工作都需要通过人的操作实现。尽管从表面看,各项操作之间存在较大差异,但是通过分析、归类,还是可以找到它们的共同点:它们都是由一些基本动作组成的。因此,只需要知道这些基本动作所消耗的时间,就可以知道各个操作应该消耗的时间。

(2) 不同的人做同一动作的时间基本相同

在同样的条件下,对大部分人而言,不同的人做同一动作的时间基本相等。长期的实验研究表明,虽然每个人的动作都有自己的特点、有快有慢,但是,大部分的人经过训练之后,其最快速度所需的时间与正常速度所需时间之比是基本相等的,并基本接近常数,见表7-2。

表 7-2 人的同一动作最快速度和正常速度耗时比值表

动作情况	$K=$ 最快速度所需时间 / 正常速度所需时间
手的移动(条件相同,如无障碍物)	0.57
手的移动(障碍物的高度为 10~30cm)	0.59
上身弯曲的往复动作	0.51
弯腰和屈膝的往复动作	0.47
坐立往复动作	0.57

(3) 使用人体的不同部位做动作所消耗的时间是手指动作所消耗时间的整数倍

正因为如此,可以将手指一次动作时间作为时间计量单位,计量其他身体部位动作的时间值。

2. 模特排时法的时间单位

(1) 手指动作的时间值

一般认为,时间单位的量值越小,越能精确计量各种动作的时间值。模特排时法追求精确地计量各个动作的时间值,其时间单位比秒更小,它是以一次手指动作(移动距离约 2.5cm)的时间消耗值作为时间计量单位。一次手指动作的时间值记为 1MOD。

1MOD=0.129s=0.002 15min=0.000 035 8h

1s=7.75MOD

1min=465MOD

(2) 模特排时法的时间单位微调

模特排时法将人体动作都归纳为由 21 种基本动作组成。模特排时法认为,在同样的条件下,人们完成基本动作的时间基本相等。事实上,人们很难在企业找到条件完全相同的操作,也就意味着,人们完成基本动作的时间还是会受到一些影响。所以,企业在应用模特排时法的时候,可以根据企业的实际情况,对 1MOD 的时间进行适当的调整。例如:

在中等体力条件下,一个中等水平操作者的正常时间值:1MOD=0.129s。

在轻体力或简单手工作业条件下,一个中等水平操作者的时间消耗可以适当减少: 1 MOD=0.12s。

在重体力手工作业、一般熟练程度条件下,一个中等水平操作者的时间消耗应当增加: 1 MOD=0.143s。

3. 模特排时法的特点

21 种标准动作组成的模特排时法是澳大利亚的海蒂博士在长期跟踪研究各种预定动作时间标准方法的基础上,根据人类工程学的一般原理和方法,于 1966 年开发出来的。模特排时法有以下特点:

(1) 省时、省力

仅根据完成作业的动作描述就能确定作业标准工时,而作业环节不需要进行测时、写实,也不需要对操作者进行效率评定,可以节省大量的人力物力。

(2) 简单、易学、易行、精确

该方法仅有四大类 21 种动作,时间值只有 0、1、2、3、4、5、17、30 共八个数值,分类简单,方便记忆,容易学习,使用简单,其精确性不低于其他预定动作时间标准方法。

(3) 使用有局限

模特排时法的产生是基于动作研究,所以它几乎适用于所有的手工作业,且局限于微观活动分析,但不能适用于机器控制的操作、需要人加以细致思考判断的操作、生产程序和机器设备运行的分析等。

(4) 验证与修正

在模特排时法中的 21 种动作的时间值是确定的,所以一旦操作程序和方法确定,那么其劳动定额也就确定了。在劳动定额应用之前,还需要对劳动定额进行验证,验证方法可以与秒表测时法互相验证。另外,对运用模特排时法制定的劳动定额可以根据员工达额率等企业实际情况进行修正。

7.2 模特排时法的动作分类与时间值

1. 模特排时法的动作分类

模特排时法将人体动作归结为 4 类 21 种动作,详见表 7-3。

表 7-3 模特排时法的动作分类

分类	符号	时间值(MOD)	动作说明	分类	符号	时间值(MOD)	动作说明
移动动作	M_1	1	手指动作	下肢与腰部动作	F_3	3	踏板动作
	M_2	2	手的动作		W_5	5	步行动作
	M_3	3	前臂动作		B_{17}	17	向前探身动作
	M_4	4	上臂动作		S_{30}	30	坐下和站起动作
	M_5	5	肩动作				
终结动作	G_0	0	触碰动作	附加动作	R_2	2	校正动作
	G_1	1	简单抓握		A_4	4	施加压力动作
	G_3	3	复杂抓握		C_4	4	曲柄动作
	P_0	0	简单放下		E_2	2	眼睛动作
	P_2	2	注意放下		D_3	3	判断动作
	P_5	5	特别注意放下		L_1	1	重量修正

注:表中各项动作的"符号"是用英文字母和数字组合而成的,其中字母表示动作的种类(用该动作的英文单词的第一个字母表示);数字表示该动作的时间值,时间值的单位是 MOD。

2. 移动动作的含义及时间值

移动动作（Movement Activities）是用上肢运空（伸手）和运物（移动物体）的动作。从理论上看，移动动作所消耗的时间值与移动距离和运物重量的相关。在"移动动作"中，仅考虑移动距离，移动物体重量的影响因素在"附加动作"中讨论。在移动动作中，根据移动距离将其分为5个时间值，而不同的移动距离，使用的上肢部位也不同。

(1) 手指动作(M_1)

手指动作(M_1)用手指第3关节前部分进行的动作，按距离计算相当于手指移动2.5cm左右，每次时间值为1个MOD。如用手指敲击键盘、按机床开关等。

(2) 手的动作(M_2)

用腕关节前部分进行的动作，按距离计算相当于手移动约5cm，每次时间值为2MOD。如用手指在平板电脑上翻页（尽管是使用手指，但是因为移动距离较大，需要使用手）、使用改锥拧螺钉等。

(3) 前臂动作(M_3)

用肘关节前部分进行的动作，原则上不移动肘关节，按距离计算相当于手和手指移动15cm，每次时间值3MOD。如驾驶汽车中的手动换挡、用锤子敲钉子等。

(4) 上臂动作(M_4)

其实质是上肢动作，是用上臂及以前部分以自然状态伸出的动作，按距离计算相当于手移动约30cm，每次时间值为4MOD。如伸手从货架上拿物品、伸手取工作台面上距离较远的工具等。

(5) 肩部动作(M_5)

用整个胳膊自然伸出，再伸直的动作。按距离计算相当于手移动约45cm，每次时间值为5MOD。

移动动作的范围如图7-1所示。

除了以上5种动作之外，还有一种特殊移动动作——反射动作。反射动作表现为反复地多次重复往返同一运动，其间，不需要特别的意识和注意力。例如，用锤子反复锻打工件、锉刀反复锉削工件、用锯子反复锯物、搅拌等。手指反射为1/2MOD（如用橡皮擦擦字）；手反射为1MOD；前臂反射动作为2MOD；上臂反射动作为3MOD（如振动敲打）；肩部动作一般不发生反射动作。

3. 终结动作的含义及时间值

终结动作（Terminal Activities）是在做完移动动作之后，为了达到移动后的目的所进行的必要动作。按照动作的目的可以分为握取（Get）和放置（Put）两种。

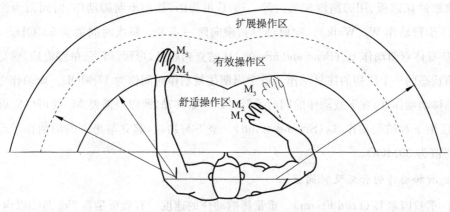

图 7-1 手部作业移动范围图

(1) 握取(G)

① 触碰动作(G_0)。它是指用手指或手掌触碰目的物的动作。因为该动作只需要轻微的触碰,给予力较轻微,所以可以视为运空的同时动作。每次时间值为 0MOD。如用手轻触平板电脑的屏幕。

② 简单抓握(G_1)。在自然放松的状态下较方便地将物料抓起来。较方便是指被抓的物料的附近没有障碍物妨碍抓取,抓取物件的大小适中。每次时间值为 1MOD。如抓取桌面上的扳手、钢笔等。

③ 复杂抓握(G_3)。需要注意力的抓握动作。抓握的物料周围有障碍物妨碍抓握、目的物小或者滑不易抓取等。每次时间值为 3MOD。例如,抓取桌面上的垫片、在一堆小零件中抓取其中一只等。

(2) 放置(P)

① 简单放置(P_0)。放置是握取的反向动作,简单放置就是将手指或手掌张开,放下目的物的动作。简单放置不需要关注放在什么地方。每次时间值为 0MOD。

② 注意放置(P_2)。对放置位置进行了限定,所以是需要注意力的放置。每次时间值为 2MOD。该动作适于大体上确定或指定放置地点,虽有配合公差,但配合不严的场合。例如,将垫圈套在螺栓上,将加工工件放入三爪卡盘中等。

③ 精确放置(P_5)。对放置位置要求很精确,需要眼睛盯着才能放进去。每次精确放置的时间值为 5MOD。例如,将电子元件的针脚放入电路板孔中等。

放置动作的适用范围:注意放置和精确放置要求放置时的移动距离在 2.5cm 以内,如果超过 2.5cm,要增加移动动作的时间值。如果是将手指或手掌张开的简单放置,也就是自由落体,则无须考虑移动距离。

4. 下肢与腰部动作的含义及时间值

① 脚踏动作 F_3(Foot action)。脚跟着地,脚掌下踏的动作。每次时间值为 3MOD。

如用脚踏冲床踏板、用脚踏汽车油门等。F_3 是单程的,如加上回脚动作,时间值为 $2×F_3$。

② 步行动作 W_5(Walk)。向前、向后、横向跨一步等。每次时间值为 5MOD。

③ 身体弯曲动作 B_{17}(Bend and arise)。从站立到屈身、弯腰、蹲下、单膝跪地,然后在回复到原状态的一个周期的往复动作。每个周期往复动作时间值为 17 MOD。该动作之后手或臂的移动动作,因在下肢动作的同时手臂可以开始移动,所以只需要 M_2 就可以完成了。

④ 坐下和站起动作 S_{30}(Sit and stand)。坐下与站起,起立与坐下的周期性运动。每次时间值为 30MOD。

5. 附加动作的含义及时间值

① 重量因素 L_1(Load Factor)。重量影响动作的速度。有效重量在 2kg 范围以内(有效重量以单手实际负担的重量计算,双手共同负重则按一半计算有效重量),重量对动作的影响可以忽略不计。当有效重量为 2～6kg 时,时间值增加 1MOD,记为 L_1,有效重量为 6～10kg 时,时间值增加 2MOD,记为 L_2。以此类推,即重量每增加 4kg 时间值增加 1MOD。当滑动物体时,有效重量是实际重量的 1/3;当滚动物体时,有效重量是实际重量的 1/10。

② 校正动作 R_2(Regrasp)。修正握物的姿势或改变手中物件位置所发生的动作,每次时间值为 2MOD。如调整手中的改锥的方向、回转电池并将电池装入万用表等。

③ 旋转动作 C_4(Crank)。用手或手臂使目的物作圆周运动,每旋转一周时间值为 4MOD,旋转不到一周,按四舍五入处理。如摇动机床手柄进刀或退刀,研磨物体表面等。

④ 眼睛动作 E_2(Eye Use)。为看清事物而移动眼睛、调整焦距的动作,包括"移动眼睛"和"调整焦距"。每进行一次"移动眼睛"或"调整焦距"的时间值为 2MOD。如驾驶汽车时移动视线看仪表盘,就包括"移动眼睛"和"调整焦距"各一次,因此时间值就是 $2×E_2$。

⑤ 判断动作 D_3(Decide and react)。判断往往出现在动作与动作之间需要进行瞬时判定的情形。时间值为 3MOD。如驾驶汽车时移动视线看仪表盘判断是否超速,即为 $E_2E_2D_3$,共 7MOD。

⑥ 施加压力 A_4(Apply pressure)。在操作中需要使用推力或压力以克服阻力的动作,时间值为 4MOD。力量在 2kg 以内可以忽略其对动作时间的影响,当大于 2kg 时其他动作停止时才予以考虑。例如,用扳手拧紧螺母,刚开始不费力的时候仅需考虑旋转动作 C_4 即可,到最后需要施加超过 2kg 的力量才能拧紧时,则需要增加 A_4。

可以将模特排时法的所有动作汇总在一张图上,如图 7-2 所示。

6. 同时动作

在进行作业时,经常出现使用身体的不同部位同时进行相同或不同的两个以上动作的情形。在观察、研究这类动作时,需要注意两个问题:一是同时动作的条件;二是同时

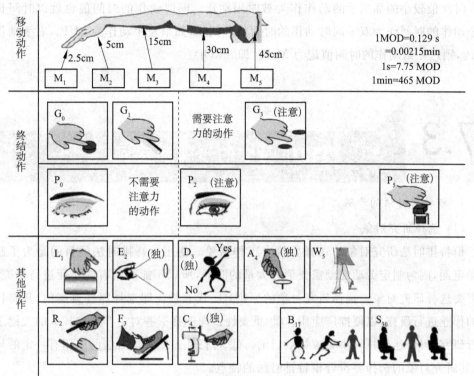

图 7-2 模特排时法动作图

(资料来源:http://www.ieconsult.cn/_d276365697.htm)

动作的时间值的确定。

(1) 同时动作的条件

根据动作经济原则,在进行作业时尽量采用双手同时操作。但是,并不是所有动作都能同时进行。同时动作的条件是,不能两个动作都需要注意力。如果两个动作都需要注意力则动作无法同时进行。例如,左手从烟盒中拿一支烟,右手从火柴盒中拿一支火柴。因为两只手均需要注意力,所以无法同时进行。

能否同时动作的判断详见表 7-4。

表 7-4 同时动作的条件

序号	一只手的终结动作	另一只手的终结动作	能否同时动作
1	G_0 或 G_1 或 P_0	G_0 或 G_1 或 P_0	能
2	G_0 或 G_1 或 P_0	G_3 或 P_2 或 P_5	能
3	G_3 或 P_2 或 P_5	G_3 或 P_2 或 P_5	不能

(2) 同时动作的时间值的确定

双手能够同时动作时,就存在双手动作消耗时间不一致的可能,当双手动作消耗时间不一致的时候应该以哪个时间为准?一般以同时动作中消耗时间长的动作为时限动作。时间值较小的那只手的动作作为被时限动作。同时动作的时间值也就以时间长的那个动作的时间作为双手同时动作的时间值。例如,如果左手动作为 M_3P_0,右手动作为 M_3P_5,则这一组动作的时间值记为 M_3P_5,即 8MOD。

7.3 模特排时法的步骤和实例

1. 模特排时法的步骤

(1) 选择研究对象

模特排时法研究对象的选择要符合工作需要。使用模特排时法的目的是为了制定劳动定额,因为制定劳动定额需要消耗大量的时间,所以不能对所有的作业进行研究,因此需要选择研究对象。选择研究对象的原则:① 代表性。即选择那些典型的、具有代表性的作业进行研究,以便推广应用。② 重要性。即选择那些对生产影响较大的关键工序进行研究,可以达到投入小见效快的目的。③ 可行性。模特排时法的应用有一定的局限性,其研究对象的选择要符合模特排时法的特点。

(2) 收集资料

选定研究对象之后,就要收集所研究工序的相关资料。资料采集可以使用表 7-5。

表 7-5 模特排时法记录表

生产部门: 　　　　　　　　　　　　　　　　　　　年　月　日

产品名称、型号		产品代码	
工序名称		紧前工序	
零件图号		紧后工序	
序号	左手动作	右手动作	记号	时间值

操作者:　　　　　分析者:　　　　　审核者:

(3) 作业标准化

根据劳动定额的定义,劳动定额必须"采用科学合理的方法"。在应用模特排时法制定劳动定额之前,需要保证方法的科学性。可以说作业标准化是制定劳动定额的前提。所以,需要对工序加工进行工作研究,在进行优化之后,对工序的作业实施标准化(如编制《标准作业指导书》或《工序卡》等)。

(4) 动作描述

尽管拥有工序的《标准作业指导书》或《工序卡》,但是其详略程度在各个企业间存在较大差异,所以还需要对工序加工进行动作描述。动作描述的准确、完整与否对时间定额的确定有着巨大的影响。而要做到动作描述的准确与完整,不但需要定额员观察认真仔细并及时、全面记录,而且需要定额员熟练掌握模特排时法的各项动作的含义、判别方式和特点等。可以不夸张地说,动作描述是模特排时法中能力要求最高的环节。

(5) 分解动作并计算作业时间值

在动作描述的基础上,就可以将工序分解为操作,对照模特排时法的动作分类,进一步将操作分解为动作。在进行动作分解时,因为往往是左右手同时进行动作,需要将同时发生的动作放在同一行中,每一行中,选择时间长的动作作为该行的时限动作,并将时间值大的作为同时动作的时间值,最后将每一行的时间值进行汇总就得到该工序的作业时间消耗总值。

(6) 制定劳动定额

按照时间消耗的分类,定额时间包括作业时间、作业宽放、个人需要与休息宽放和准结时间。前面三步仅仅计算出了作业时间,对作业时间值进行宽放再加上准备与结束时间就得到该工序的劳动定额。

2. 模特排时法的实例

【例 7-1】 在某企业装配车间,某工序需要将锁紧垫圈、平钢垫圈、橡皮垫圈依次组装配到 M10×25 螺栓上。操作台面的布置如图 7-3 所示。

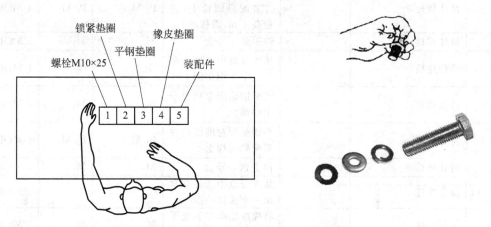

图 7-3 垫圈螺栓组装工作台面布置图

现有的操作方法如下:

① 工人先伸左手到盒 2 中取一螺栓,持住在自己正前方;

② 用右手从盒 3 中拿出一个锁紧垫圈,并套到螺栓上;

③ 依次从盒 4、盒 5 中拿出平钢垫圈、橡皮垫圈套到螺栓上;

④ 最后用左手将装好的组件放入盒 1 内。

⑤ 重复上面的动作。

试用模特排时法制定其劳动定额。

解：

第一步 选择研究对象

本例是已经确定了研究对象，即将三个垫圈装配到螺栓上。

第二步 收集资料

将收集到的相关资料填入表 7-6。

表 7-6 模特排时法记录表

生产部门： 　　　　　　　　　　　　　　　　　　　年 月 日

产品名称、型号			产品代码		
工序名称	螺栓垫圈装配		紧前工序		
零件图号			紧后工序		

序号	左手动作		右手动作		分析统计	
	动作描述	记号	动作描述	记号	记号	时间值
1	伸手到2号盒	M_3	伸手到3号盒	M_3	M_3	3 MOD
2	从2号盒中选择并拿出一个螺栓	G_1	从3号盒中选择并拿出一个锁紧垫圈	G_1	G_1	1 MOD
3	将螺栓拿到桌子中心部位	M_3	将锁紧垫圈拿到桌子中心部位	M_3	M_3	3 MOD
4	持住螺栓		将锁紧垫圈对准螺栓并装配到螺栓上（螺栓高4cm，需移动）	$P_2 M_2$	$P_2 M_2$	4 MOD
5	持住螺栓		伸手到4号盒	M_3	M_3	3 MOD
6	持住螺栓		从4号盒中选择并拿出一个平钢垫圈	G_1	G_1	1 MOD
7	持住螺栓		将平钢垫圈拿到桌子中心部位	M_3	M_3	3 MOD
8	持住螺栓		平钢垫圈对准螺栓并装配到螺栓上	$P_2 M_2$	$P_2 M_2$	4 MOD
9	持住螺栓		伸手到5号盒	M_3	M_3	3 MOD
10	持住螺栓		从5号盒中选择并拿出一个橡皮垫圈	G_1	G_1	1 MOD
11	持住螺栓		将橡皮垫圈拿到桌子中心部位	M_3	M_3	3 MOD
12	持住螺栓		橡皮垫圈对准螺栓并装配到螺栓上	$P_2 M_2$	$P_2 M_2$	4 MOD
13	将已完成的装配件带到1号盒上方	M_3	放开已装配完的组件（装配件）	P_0	M_3	3 MOD
14	放开装配件	P_0	等待左手		P_0	0 MOD
合计						36 MOD

操作者： 　　　　　分析者： 　　　　　审核者：

注：上表中的时间是完成一套装配件的时间。

第三步　作业标准化

(1) 作业研究

根据动作经济原则对现有的动作进行优化。优化的思路是：首先尽量使用双手操作。其次是通过找到无效动素和辅助动素并将其取消进行优化。本例，在序号 2 中左右手均出现了"选择"，左手从序号 4 至序号 10 均为"持住"，右手序号 6 和序号 9 均出现了"选择"。对待无效动素和辅助动素的基本原则是"取消"。

① 取消"持住"。对于左手多次出现的"持住"，实质是将手作为夹具。因此可以设计一个简单的夹具来代替。例如，选择一块平整光滑的木板头，在木头上开挖两个孔，直径略大于螺栓六角头，深度与螺栓六角头的高度持平。目的是可以将螺栓倒立在木板上的孔内而不至于倒下，从而代替左手"持住"螺栓。

② 取消"选择"。对于多次出现的"选择"，是因为在现行作业的工作台上，螺栓盒垫圈放在盒中，因为盒中螺栓或垫圈较多，需要伸手入盒选择、抓取，在操作中并不是必要的。因此可以设计一个简单的装置，完成自动配送。例如，可以考虑使盒内螺栓或垫圈在常态下自动滑出，既可以缩短取料行程，也可以实现自动配送。为此可使用重力供料式金属盒，每一个的底部做成 30°的斜面溜板，盒内零件可借助重力滑送到盒前端的工作台面上等待拾取。

③ 为了方便双手操作，还需要对工作台的布置进行改进。现行作业的五个盒子呈"一"字形排列，不符合人手最佳操作区域的要求，可将七个盒子呈扇形，并位于人手最佳的操作区域，以便双手同时操作。为了减少组件放入盒中再汇集到箱子中的动作，可以在工作台下开设两个口子（滑道口），下面分别接一个用金属板做成的滑运槽，滑槽底部接成品箱，装配完成的螺栓组件可直接放进两个滑道口里，直接通过滑槽自动滑入成品箱，如图 7-4 所示。

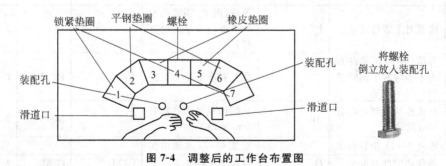

图 7-4　调整后的工作台布置图

(2) 优化之后的作业方法

① 左右手同时从 4 盒前端拿螺栓，倒立放入装配孔内；

② 左右手同时分别从 1、7 盒前端拿锁紧垫圈装配到螺栓上；

③ 左右手同时分别从 2、6 盒前端拿平钢垫圈装配到螺栓上；

④ 左右手同时分别从 3、5 盒前端拿橡皮垫圈装配到螺栓上；

⑤ 两手同时将组件从装配中取出，投入近旁的滑道口中（组件靠重力下滑至台下的组件成品盛放箱）。

第四步　动作描述与动作分解

动作描述的目的是为了使用模特排时法对工序进行分解，因此，在进行描述时尽量采用模特排时法中的动作名称。可以将动作描述与动作分解两步合为一步。

表 7-7　模特排时法分析表

生产部门：　　　　　　　　　　　　　　　　　　　　　　　　　年　月　日

产品名称、型号		产品代码			
工序名称	螺栓垫圈装配	紧前工序			
零件图号		紧后工序			
序号	左手动作		右手动作		分析统计	
	动作描述	记号	动作描述	记号	记号	时间值
1	伸手到 4 号盒前	M_3	伸手到 4 号盒前	M_3	M_3	3 MOD
2	从 4 号盒前拿一个螺栓	G_1	从 4 号盒前拿一个螺栓	G_1	G_1	1 MOD
3	将螺栓拿到桌子中心部位	M_3	将螺栓拿到桌子中心部位	M_3	M_3	3 MOD
4	调整螺栓方向（大头朝下）并将其对准装配孔	R_2	调整螺栓方向（大头朝下）并将其对准装配孔	R_2	R_2	2 MOD
5	将螺栓放入装配孔	P_2	将螺栓放入装配孔	P_2	P_2	2 MOD
6	伸手到 1 号盒前	M_3	伸手到 7 号盒前	M_3	M_3	3 MOD
7	从 1 号盒前拿一个锁紧垫圈	G_1	从 7 号盒前拿一个锁紧垫圈	G_1	G_1	1 MOD
8	将锁紧垫圈拿到桌子中心部位	M_3	将锁紧垫圈拿到桌子中心部位	M_3	M_3	3 MOD
9	将其对准螺栓并装配	P_2	等待（因 P_2 需要注意力不能与左手同时进行）		P_2	2 MOD
10	等待（因 P_2 需要注意力不能与右手同时进行）		将其对准螺栓并装配	P_2	P_2	2 MOD
11	从螺栓顶部到底部有 4cm 移动	M_2	从螺栓顶部到底部有 4cm 移动	M_2	M_2	2 MOD
12	重复 6～11 步骤两次		重复 6～11 步骤两次			13×2
13	握住装配件并取出	G_1M_1	握住装配件并取出	G_1M_1	G_1M_1	2 MOD
14	将装配件拿到滑道口并放下	M_3P_0	将装配件拿到滑道口并放下	M_3P_0	M_3P_0	3 MOD
合计						55 MOD

操作者：　　　　　分析者：　　　　　审核者：

注:上表是完成两套装配件的时间,单套装配件的时间为(55/2＝)22.5MOD。优化后的方案比原方案作业时间降低($\frac{36-22.5}{36}$＝)37.5%。

第五步　制定劳动定额

根据第四步的计算结果,作业时间为 22.5MOD/套,折合为 22.5×0.129s＝2.9025 s/套。时间定额不仅包含作业时间,还包括作业宽放、个人需要与休息宽放和准备与结束时间。作业宽放和个人需要与休息宽放可以查阅相关标准获取,准备与结束时间则需要通过写实、测时获取。

7.4　思考题

1. 为什么预定动作时间标准能够预先确定标准?
2. 为什么在运用模特排时法的时候需要首先对作业方法进行标准化?
3. 与测时法相比,模特排时法有哪些特点?
4. 请填写下表的记号和时间值:

表 7-8　模特排时法分析表

序号	左手动作		右手动作		分析统计	
	动作描述	记号	动作描述	记号	记号	时间值
1	伸手抓焊线(约 30cm)		伸手抓烙铁(约 30cm)			
2	移动线头(约 15cm),将线头对准焊点		移动烙铁(约 15cm),将烙铁头对准焊点			
3	持住		焊接			
4	伸手抓另一焊线(约 15cm)		等待左手			
5	移动线头(约 15cm),将线头对准另一焊点		移动烙铁(约 4cm),将烙铁头对准另一焊点			
6	持住		焊接			
7	重复 4~6 步骤 3 次		重复 4~6 步骤 3 次			
8	等待右手		移动烙铁 20cm,将烙铁放在架上			
9	移动手 10cm,手抓电路板		移动 20cm,手抓电路板			
10	移动 40cm,将完成的电路板放在架子上		移动 40cm,将完成的电路板放在架子上			
合计						

第 8 章
定额标准的制定

通过本章的学习,要求掌握以下知识点:

- 标准资料法的定义、种类和原理
- 编制定额标准的程序
- 编制各种定额标准的方法

第 8 章
定性核查的判定

案例 8-1　CQ 公司装配工序劳动定额的制定

CQ 公司的劳动定额标准制定工作已经开始了近半年,作为劳动定额标准工作组的组长,出身于机械制造分厂的杨工程师对机械加工环节的劳动定额标准的制定已经了然于胸,但是有一个车间的劳动定额让他比较头痛,迄今为止依然没有找到解决的方法。这个车间就是装配车间。本来他以为装配车间和其他车间一样,都可以采用分工序测定的方法获得,但是,在实际过程中,他发现这个难度比较大。因为,在这个车间几乎都是手工作业,而且,看起来每个作业都不一样,似乎只能对所有工序进行测时和写实,制定典型零件的劳动定额标准。工作量大不说,一旦产品变更,又得全部重新做。而 CQ 公司的产品是小批量多品种,杨工程师把目光转向企业外部,希望能找到更好的方法。

装配工种的劳动定额制定问题一直是众多企业面临的难题。因为每个企业、每个产品、每个工序的装配都不一样,同时因为大多数的装配都是手工作业,手工作业比较灵活,装配动作千变万化,即使是做同一道工序,每个人的做法都或多或少都有一些区别。从总体上看,手工作业的标准化水平比较低。这些,都成为制定装配工种劳动定额的"拦路虎"。标准资料法以相似性原理为基础,通过对同一类动作进行归类并制定标准,为问题的解决提供了一条可行的路径。

8.1　标准资料法的原理

8.1.1　标准资料法的定义与种类

1. 标准资料法的定义与原理

（1）标准资料法的定义

在企业的生产过程中,生产工艺千差万别,企业的生产工序也数量众多,多品种少批量生产的企业更是如此。大多数企业的劳动定额是以工序为对象的,如果以工序为对象制定劳动定额,那么有多少工序就需要制定多少劳动定额,每出现一个产品就需要重新制定劳动定额,同时当加工环节中如果某项指标发生变更,同样需要制定劳动定额。这必将导致劳动定额员每天忙于应付层出不穷的制定劳动定额的任务,而无暇顾及对工作方法和标准的研究。人们尝试寻找一种方法减轻劳动定额员的负担,由此产生了标准资料法。标准资料法旨在通过制定一系列涵盖企业各工种的时间定额标准,将劳动定额员从繁重而重复的劳动定额制定工作中解放出来。

标准资料法也称标准数据法。根据《劳动定员定额术语》(GB/T14002—2008)的定义:

标准资料法是以系统成套的时间定额标准为基础,通过对作业要素的分解,找出一一对应的项目及时间值,最后求出零件(工序、工步、操作)时间定额的方法。

应用标准资料法得到的资料称为标准资料,也称为"时间定额标准"、"劳动定额时间标准"或者"定额标准"。

值得指出的是,在标准资料法的定义中,是以制定时间定额为目标的,所以将标准资料(即定义中的"时间定额标准")视为制定时间定额的工具。但是,在企业制定劳动定额时间标准时,标准资料本身就是目标。从这个角度出发,标准资料法的定义可以理解为:

标准资料法是应用系统成套技术对作业要素进行分解,找出一一对应的影响因素及对应的时间值,求出反映影响因素与时间消耗之间规律的时间定额标准的方法。

(2)标准资料法的原理

案例 8-2

TQ公司是一家机械制造企业,其生产的 A1、A2、A3、A4、A5 五种零件都有精车外圆工序。其精车外圆工序的生产技术组织条件完全相同,只是工件尺寸不一样。劳动定额员小张使用测时法测定出了五种零件精车外圆工序的时间定额。最近因企业发展需要,需要制造 B1、B2、B3 三种零件,其精车外圆工序的生产技术组织条件与前述五种零件完全相同,也仅仅是尺寸上有差别。尽管小张可以使用测时法解决这个问题,但是他感觉不甘心的是:每出现一个零件都需要测定产品的工时,其中大部分是重复劳动。他在想:有没有一些一劳永逸的方法呢?

企业的生产过程可能涵盖的工序成千上万。各个工序、各个作业尽管不同,但是它们之间一定存在着相同或相似的作业要素。案例 8-1、案例 8-2 都是如此。以案例 8-1 所说的装配为例,即使每个企业的装配工序划分都不一样,但是,经过对企业各个装配工序的进一步细分可以发现,它是有一系列作业要素构成的(例如使用扳手、改锥等进行操作可能是多个工序都拥有的作业)。只要找到能够涵盖各个工序全部作业的要素并制定出这些要素的时间定额标准,用它们之间的不同组合就可以得到各个工序的时间定额。对案例 8-2 来说也是如此。我们只需要找到影响精车外圆工序的主要因素，并找出其影响规律，就可以制定出企业的时间定额标准，也就可以不需要再使用秒表测时法来制定出新零件的精车外圆工序的时间定额。

2. 标准资料法的种类及形式

(1) 标准资料的种类

常见的标准资料种类如表 8-1 所示。

表 8-1 劳动定额标准资料分类

分类方式	种类		内 涵
	一级	二级	
按标准实施范围分	统一定额		在某一部门、行业或地区内制定实施的定额标准
	企业定额		在企业内部制定实施的定额标准
	一次性定额		针对特定的条件制定并只使用一次的定额标准
按标准的对象分	零件时间定额标准		以产品典型零件为对象制定的时间定额标准
	作业时间标准	工序时间标准	以工序为对象制定的时间定额标准
		工步时间标准	以工步为对象制定的时间定额标准
		操作时间标准	以操作为对象制定的时间定额标准
		动作时间标准	以动作单元为对象制定的时间定额标准
按标准的对象分	切削用量标准		金属切削设备的加工用量的合理参数标准
	时间定额标准	基本时间标准	以基本时间定额为内容制定的标准
		辅助时间标准	以辅助时间定额为内容制定的标准
		宽放时间标准	以宽放时间定额为内容制定的标准
		准结时间标准	以准结时间定额为内容制定的标准
按标准的形式分	图解式定额标准		在直角坐标图中采用几何图线反映工时消耗与影响因素之间函数关系的定额标准
	表格式定额标准		采用表格形式反映工时消耗与影响因素之间函数关系的定额标准
	函数式定额标准		采用数学公式反映工时消耗与影响因素之间函数关系的定额标准

(2) 标准资料的形式

① 图解式定额标准

图解式定额标准就是用图形的方式表现主要影响因素和时间消耗之间的关系。图 8-1 是钳工刮研工件表面的时间与工件长度和宽度的关系图。图中，影响钳工刮研工件表面的时间消耗的主要因素是工件的长度和宽度。

② 表格式定额标准

顾名思义，表格式定额标准就是用表格的形式表现影响因素与时间消耗之间的关系。表 8-2 是部分摘录的车床准备与结束时间标准表。在表中，机床型号和装卡方式两个因素是影响车床准备与结束时间的主要因素。

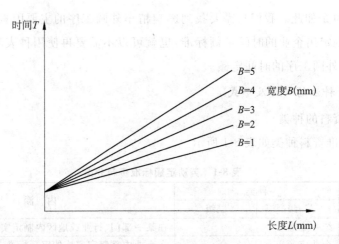

图 8-1　图解式时间定额标准图例

表 8-2　表格式时间定额标准表

装卡方式 \ 机床型号	C615　C616　C618	C620	C630
三爪	31.5	35.7	43.2
三爪顶尖	32.2	36.4	44.9
三爪中心架	33.5	37.7	46.2
三爪中心架顶尖	34.2	38.4	47.9
四爪	33.0	40.7	46.0
四爪顶尖	33.7	41.4	47.7
四爪中心架	35.0	42.7	49.0
四爪中心架顶尖	35.7	43.4	50.7

③函数式定额标准

函数式定额标准就是用函数的方式表现影响因素和时间消耗之间的关系。公式(8-1)是某钻孔工序拿取工件的定额标准。在公式中,影响拿取工件的主要影响因素是工件的重量。事实上,拿取工件的距离也应当是影响其时间消耗的主要因素。在公式中没有列出距离对时间的影响,是因为拿取工件的距离变化不大,所以忽略不计了。

$$T = 0.74G + 3.3 \tag{8-1}$$

式中:T——时间消耗　G——工件重量

8.1.2　标准资料法的特点

1. 标准资料法误差小,准确可靠且适用面广

标准资料的制定需要收集大量的时间消耗及有关的数据,基于大量数据的标准资料自然也更准确、更可靠。同时,与工时定额相比,标准资料的适用面更广。表现在:一是标准资料反映的是工时消耗与影响因素之间的函数关系,也就是说只要确定自变量(即影响因素)的数值,就可以通过标准资料得到因变量(即时间消耗)的数值。二是标准资料法针对不同的对象制定相应的时间定额标准,这种定额标准与修正系数相结合可以适用于不同的生产技术组织条件。

2. 制定标准资料,短时间内工作量比较大,长期看工作量少

在制定标准资料的一两年内,要收集的测时数据是制定工时定额的 10～20 倍,工作量大很多,但是,从长期来看,制定完成后可以减少大量的重复劳动,可以说是一劳永逸。制定时间定额和标准资料的对比见表 8-3 所示。

表 8-3 制定时间定额与标准资料对比

分类 内容	时间定额	标准资料
收集对象个数	仅需收集一个尺寸的工件的时间消耗数据(以精车外圆为例,如果需要制定直径为 30mm 工件的精车外圆工序的时间定额,则仅需对 30mm 工件的精车外圆工序的加工时间进行测量)	需要收集 5～10 个尺寸的工件的时间消耗数据(以精车外圆为例,如果需要制定精车外圆工序的定额标准资料,则需对 5～10 个尺寸的工件的精车外圆工序加工时间进行测量,如分别测量直径 20mm、30mm、50mm、80mm、100mm 工件的精车外圆工序的加工时间)
测时次数	观测次数根据公式计算: $$N = \left[\frac{1}{S} \frac{\sqrt{n \sum_{i=1}^{n} X_i^2 - (\sum_{i=1}^{n} X_i)^2}}{\sum_{i=1}^{n} X_i} \right]$$	对同一作业进行测定,制定定额标准资料的观测次数是制定工时定额的两倍,并且需要测定 5～10 个尺寸的工件,也就是说测时数据是时间定额的 10～20 倍
方法与结果	根据观测数据,可以用算术平均法得到某一具体尺寸工件的时间定额,如直径为 30mm 的精车外圆工序时间定额	根据每个工件尺寸对应的工时消耗,可以运用回归分析法制定出可以适用于设备加工能力范围内所有尺寸工件的定额标准资料。如精车外圆工序的定额标准资料
事后工作	工件尺寸每变更一次就需要重新测时	可以根据标准资料直接计算出时间定额,不需要再测时

3. 标准资料法需要制定的修正系数比较多

标准资料法是以一个定额标准应用于不同的企业、车间或班组。当然,只有当这些企业、车间、班组的生产技术组织条件完全一致时,标准资料才可以直接应用。而事实上,即使是同一企业、同一车间其至同一班组,生产技术组织条件都不会完全一样或一成不变,当生产技术组织条件发生变化或与制定定额标准的条件不完全一致时,就需要制定修正系数进行修正。例如,制定标准资料时企业的生产批量为小批量,而当前的生产批量为大量生产,无论是生产熟练程度还是生产组织效率都发生了变化,所以需要制定生产批量修正系数。

4. 标准资料更便于推行劳动定额信息管理，减少人为因素的干扰，更能体现公平原则

工时定额只能制定典型零件或产品的劳动定额，在推行劳动定额信息管理时，也只能在劳动定额信息管理系统中建立典型产品或典型零件的劳动定额，其应用范围和效果有限。而标准资料则可以将表达影响因素与工时消耗之间规律的函数式输入劳动定额管理系统，只要输入产品的参数就可以制定出工时定额，其应用范围广，能大幅度提高定额员的工作效率，并且因为标准资料是确定的，可以防止人为因素的干扰。同时，标准资料一般是以设备为对象来制定的，在企业中只要使用同一设备（包括夹具、刀具、量具等），不管是在哪个生产部门，其标准资料都保持一致，所以更能体现公平性原则。

准备工作阶段要解决以下几个问题：要做成什么样？由谁来做？什么时候做？用什么方法做？

(1) 做成什么样

这个问题是要确立定额标准的表现形式、质量水平、详略程度等。

定额标准的表现形式、质量水平、详略程度的确定，要反映当前企业发展的趋势。信息化、精细化管理是一个基本方向。而在信息化管理中，使用函数式定额标准具有绝对的优势，所以一般选择函数式定额标准。精细化管理则要求在编制定额标准时要尽可能地编写详细一些、质量高一些。

定额标准的详细程度、表现形式和水平的确定要符合企业、行业或部门的生产特点和使用要求，在生产组织技术条件典型化的基础上计算工作量，落实组织，编制进度计划。

(2) 由谁来做

如前所述，定额标准的编制需要收集大量的数据资料。如果由企业现有的劳动定额员来完成，那么整个定额标准编制过程延续的时间将非常长。所以大部分企业通常会从人力资源、技术、工艺、生产部门和工会抽调技术、工艺、技师、劳动定额员等相关人员组成项目组，采用项目的方式用一年到两年时间建立符合企业实际生产技术组织条件的劳动定额时间标准。

(3) 什么时候做和用什么方法做

有人认为，对大批量生产企业而言，编制定额标准很有必要，因为一旦编制完成可以长期使用；而对多品种小批量企业而言，制定劳动定额时间标准是没有价值的，因为企业的产品时刻在发生变化。这种看法是错误的，错误的原因是将时间定额和定额标准混淆了。时间定额是以产品为对象编制的，所以产品一变，原来的时间定额就需要调整；而定额标准则不然，定额标准是以设备或工位为对象编制的，任何产品，只要通过该设备或工位生产，都可以通过定额标准快捷地计算出时间定额。所以，编制定额标准对多品种小

批量生产的企业更有价值。

至于编制定额标准的时间和方法则要根据企业的实际来确定。为此需要事先收集国家、部门或行业、同行已有的相关标准,组织成员系统学习编制定额标准的知识,拟定编制定额标准的工作方案,对该项工作的目标、方法和实现路径进行系统研究和周密地安排。

8.2 编制定额标准的资料收集与整理工作

8.2.1 确定原始资料的搜集对象和要求

案例 8-3 收集劳动定额原始资料

DB 公司是一家大型工业集团公司。2014 年年初,集团开始开展标准资料的制定工作。项目组实际负责人杨鹏刚从国内名牌大学毕业 3 年,其他 8 名成员是从各个车间抽调出来的劳动定额员,年龄最大的 35 岁,最小的 25 岁。因为公司所有人中没有人做过劳动定额时间标准,所以聘请了北京一家劳动定额咨询机构指导该项工作的开展。咨询机构对他们进行了系统的培训并提出了工作方案,要求企业按照方案开展工作。杨鹏与 8 位同事在实际实施过程中,认为方案存在问题。原工作方案要求以设备为对象编制标准资料,所以将全部人员分为 4 个组,每个组负责一类设备原始资料的采集。杨鹏他们认为,这样开展工作,各个组的工作质量、进度不好控制,应该组织全部人员,一个车间一个车间地打"歼灭战"。所以他们就私自调整了工作方案。到 2014 年二季度,咨询人员再次来到公司检查工作进度,发现工作方案没有得到有效实行。这半年内,项目组主要集中在机械加工一车间,收集到了 23 个产品的原始数据。当项目组转移到机械加工二车间后,同样需要收集不少于 20 个产品的原始数据,但是他们发现,原来的产品已经下线,要收集这么多的产品数据,又需要等半年。企业共有八个规模大致相同的车间,按照这种进度,他们需要 4 年才能完成定额标准编制工作,而集团给他们的时间只有两年。

收集原始资料看似简单,但是正如案例所揭示的,这个阶段也面临着研究对象的选择等许多不可轻视的问题。

1. 研究对象的确定

有人想当然地认为编制定额标准与制定工时定额的研究对象没有什么区别。事实上,编制劳动定额时间标准与制定时间定额存在差异,特别是对于研究对象的选择。制定时间定额一般是以产品为主线,制定出零件时间定额、工序时间定额、工步时间定额等。如果编制劳动定额时间标准也以产品为主线,那么通常要编制出大量的工序劳动定额时间标准,当要制定一个产品的时间定额时,就需要在大量的工序劳动定额时间标准中去查找每一道工序。因为通常企业的工序数量较多,因此工作量较大。所以在编制劳动定额时间标准时,通常以设备为对象进行编写,而一个企业的设备种类、型号数量一般总是大大少于工序数量。当出现一个新产品,只要其使用原来的设备,通常都可以通过已有的标准资料制定出劳动定额。所以,编制标准资料通常以设备为研究对象。

2. 搜集原始资料的相关要求

原始资料的收集一般通过测时、写实、工作抽查法等进行。在搜集原始资料时,至少要贯彻以下三个要求:

一是观测安排要合理。合理安排观测工作是提高工作效率的关键因素。案例 8-3 就是一个考虑不周的典型,案例中,因为选择以生产部门为单位,分阶段进行各项资料的收集,导致了收集资料时间延长,不能按时完成观测任务的结果。所以在开展定额标准编制时,宜采取各生产部门同步进行的方式收集资料。

二是观测次数要适当。无论是测时、写实,还是工作抽样,都属于抽样调查,决定抽样调查结论精度的一个重要因素就是样本量的大小,调查的样本量越大,得到的数据越能准确反映其实际情况。影响标准资料准确性的最主要因素是采集的原始数据的数量。但是,采集的数据量越大,就意味着耗时越长,费用越高,所以,需要根据实际确定观测次数(根据相关公式计算观测次数即可),以在准确性和经济性两个方面取得平衡。

三是观测要求全面。这里的全面是指在同一时间内,要尽可能全面观测、收集在线产品的数据,这既是保障项目按照计划进度进行的要求,也是保障标准资料的公平性、准确性的需要。

8.2.2　影响因素的分析与处理

编制定额标准,其本质是找出影响因素和时间消耗之间的关系。因此,在确定研究对象之后,最重要的是正确确定影响时间消耗的因素。

1. 分析选择影响因素

(1)影响时间消耗因素的类型

表 8-4 影响时间消耗因素的类型

序号	划分角度	因素种类
1	按照产因	(1)与加工对象有关的因素 (2)与加工设备有关的因素 (3)与工艺装备有关的因素 (4)与工作地布置、作业环境有关的因素 (5)与作业现场组织管理有关的因素
2	按照性质	(1)质的影响因素:指加工过程中由于一些质的条件变化而影响工时消耗的因素 (2)量的影响因素:指由于影响因素量的变化而影响工时消耗的因素
3	按与加工对象关系	(1)定量作业要素:工时消耗不随加工对象的改变而变化 (2)变量作业要素:工时消耗随加工对象的改变而变化
4	按照影响大小	(1)主要影响因素:对工时消耗影响较大,而且经常在发生变化的因素 (2)次要影响因素:对工时消耗影响较小,相对稳定不变的因素

(资料来源:中华全国总工会保障工作部,北京神州比杰定额标准技术研究中心.劳动定员定额工作实用手册[M].中国工人出版社,2012)

(2)影响因素的性质

①关于质方面的影响因素

质因素就是那些与生产性质有关的因素。"质"的影响因素是指在工艺过程中,由于在质的方面发生变化而引起操作延续时间变化的因素。质因素表明的是性质,是编制定额标准时影响时间消耗的生产技术组织条件等,质因素一般不能用数量来进行度量。例如,工艺方法、加工设备、工装夹具量具、生产批量、工件材质、毛坯种类、加工精度、加工粗糙度与复杂程度、搬运工具等,这些质因素的不同状态都将影响工时消耗的长短,但是质因素对工时消耗的影响是不连续的,往往是一种状态对应一个时间消耗值,不适合用函数式来表达。

②关于量方面的影响因素

"量"的影响因素是指由于在量的方面发生变化,而引起操作延续时间变化的因素。量因素是生产过程的一些用数量表达的指标。定额标准的编制,核心就在于如何在这些数量指标和时间消耗之间建立能用函数式表达的关系式。例如,在汽车车身焊接中的焊缝长度、车床车削外圆中的车削体积、运输的距离、酒店客房的间数等,都是影响工时消耗的量因素。

(3)确定作业要素的性质

①定量作业要素

定量作业要素中的"定"是指"固定不变"的意思,也就是说作业的工时消耗不随加工对象的改变而变化。例如,机床操作中的开关机的时间,并不会因为加工对象的不同而改变,所以是定量作业要素,对定量作业要素的时间消耗的测量,可以用观测到的时间消耗值的平均值来代表。

②变量作业要素

变量作业要素中的"变"是"变化"的意思,也就是说作业的工时消耗随加工对象的改变而变化。例如,拿取工件时的取放距离、切削余量(体积或重量)等。对于变量要素,一般要分析作业要素的影响因素,并找出量因素与工时消耗的关系,然后才能求出作业的标准时间。

(4)影响因素的主次

影响因素的主次取决于影响因素对工时消耗的影响大小,影响大的因素就是主要因素,影响小的因素就是次要因素。一般来说,主要影响因素是经常在发生变化的因素,次要影响因素是相对稳定不变的因素。例如,装卸工件时,时间消耗受到工件重量、装卡夹具、校正方式、毛坯与机床的距离等多项因素的影响。其中工件重量、装卡夹具、校正方式就是主要因素,毛坯与机床的距离就是次要因素。

2. 对影响因素的处理

在生产实践中,影响作业时间消耗的因素较多也较复杂。一个模型如果能将每一个影响某个作业要素的因素都考虑在内,当然能有效提高数据的可靠性。但是,这同样会大大增加定额标准的编制难度,影响其应用与推广。因此,在收集到了工时消耗的影响因素之后,就需要对影响因素进行研究、处理。其处理程序是:明确变量作业要素与定量作业要素、确定作业要素的影响因素的主次、明确质因素与量因素。

首先,确定哪些是变量作业要素,哪些是定量作业要素。对定量作业要素的时间值的测定相对简单,只需要测定一定的次数再计算平均值即可。对变量作业要素的时间值的测定,对每一个取值,都需要测定一定的次数再取平均值。如例 8-1 所示,将平均值填入表 8-4 的空白处。

其次,要确定影响因素的主次。确定了主要因素,就明确了编制定额标准工作的重点,这是降低定额标准编制工作的复杂性,提高编制工作的经济性的需要。

再次,需要确定明确哪些是质因素,哪些是量因素。质因素是不能用数量来度量的,所以处理的方法就是将这部分固定下来,作为使用定额标准的条件,一旦出现不符合项,要么不能使用这个定额标准,要么制定修正系数之后再使用。

【例 8-1】 在划线作业中,经观察,涉及如下几项因素,一是线的性质,有直线、曲线两类;二是划线的方法,直线有直尺、游标、划线盘三种,曲线有样板一种;三是线的长度。

请判断哪些是质因素?哪些是量因素?并设计时间标准表格。

解:"线的性质"、"划线方法"是质因素,"线的长度"是量因素。

编制时间标准表时,关于质因素的部分,先固定下来,可以进一步分类的,则另分一档,例如,对"线的性质"可以分为直线和曲线两类。对于量因素"线的长度"可以采取等比数列、等差数列等方式设计"线的长度"的取值项数和具体取值,如表 8-5 所示。

表 8-5　划线作业时间标准资料表

序号	线的性质	划线方法	线的长度 L								
			50	70	100	140	200	280	400	560	780
			时间(min)								
1	直线	直尺									
2		游标									
3		划线盘									
4	曲线	样板									

注:线的长度的取值公比为 1.4,方便起见,具体取值根据习惯做了调整。

8.2.3　整理分析原始资料

1. 分析收集的数据的准确性

(1)使用控制图剔除异常值

控制图是对生产过程质量的一种记录图形,其核心内容是在图上绘制中心线和上下控制线,中心线一般代表均值,上下控制线是按照均值加减三倍标准差确定。超过控制线的部分被认为是数据出现偏差的部分。控制图对于异常的判断有一系列原则。我们在编制定额标准时使用控制图法,对这部分异常值予以剔除即可。如图 8-2 所示。

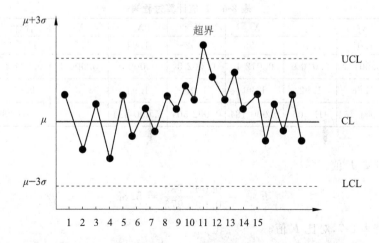

图 8-2　控制图示例

(2)对收集的数据进行检验

对所采集的数据进行检验的方法和步骤：

对数据样本的显著性进行分析，确定数据样本的合理性。一般采用算术平均或 F 值计算及用 F 检验法对样本数据进行筛选。

F 检验法是通过两组数据的方差之比来检验两组数据是否存在显著差异。

【例 8-2】 两位测时人员对某工序加工进行测时，测定结果如下，判断这两人的测时数据有无显著性差异：

甲：2.01,2.10,1.86,1.92,1.94,1.99　　　　均值：11.82/6＝1.97

乙：1.88,1.92,1.90,1.97,1.94　　　　均值：9.61/5＝1.922

解：首先，计算出两组数据的均值：

$$X_甲 = \frac{11.82}{6} = 1.97$$

$$x_乙 = \frac{9.61}{5} = 1.922$$

其次，计算出两组数据的方差（见表 8-6）：

$$s_甲^2 = \frac{\sum_{i=1}^{n}(x-\overline{X})^2}{n} = \frac{0.0344}{6} = 0.005\ 733$$

$$s_乙^2 = \frac{\sum_{i=1}^{n}(x-\overline{x})^2}{n} = \frac{0.00488}{5} = 0.000\ 976$$

表 8-6　F 值计算过程表

	X_1	X_2	X_3	X_4	X_5	X_6	合计	方差
X	2.01	2.10	1.86	1.92	1.94	1.99	11.82	0.005 733
$(x-\overline{X})^2$	0.001 6	0.016 9	0.012 1	0.002 5	0.000 9	0.000 4	0.034 4	
X	1.88	1.92	1.90	1.97	1.94		9.61	0.000 976
$(x-\overline{x})^2$	0.001 764	4E−06	0.000 484	0.002 304	0.000 324		0.004 88	

再次，计算 F 值：

$$F_{实际} = \frac{0.005\ 733}{0.000\ 975} = 5.88$$

最后，查表 8-7，对比 F 值。

经查表 8-7，知道在自由度分别为 5 和 4 对应的 F 值为 6.26。

因为 $F_{实际}(=5.87) < F_表(=6.26)$ 表明两组数据没有显著差异。

表 8-7　置信度 95% 时 F 值

$f_{大}$ $f_{小}$	2	3	4	5	6	7	8	9	10	∞
2	19.0	19.16	19.25	19.30	19.33	19.36	19.37	19.38	19.39	19.5
3	9.55	9.28	9.12	9.01	8.94	8.88	8.84	8.81	8.78	8.53
4	6.94	6.59	6.39	6.26	6.16	6.09	6.04	6.00	5.96	5.63
5	5.79	5.41	5.19	5.05	4.95	4.88	4.82	4.78	4.74	4.36
6	5.14	4.76	4.53	4.39	4.28	4.21	4.51	4.10	4.06	3.67
7	4.74	4.35	4.12	3.97	3.87	3.79	3.73	3.68	3.63	3.23
8	4.46	4.07	3.84	3.69	3.58	3.50	3.44	3.39	3.34	2.93
9	4.26	3.86	3.63	3.48	3.37	3.29	3.23	3.18	3.13	2.71
10	4.10	3.71	3.48	3.33	3.22	3.14	3.07	3.02	2.97	2.54
∞	3.00	3.60	2.37	3.21	2.10	2.01	1.94	1.88	1.83	1.00

注：表中 $f_{大}$、$f_{小}$ 分别代表两组数据的自由度。

2. 整理分析经过检验的数据，确定定额标准

通过整理分析检过检验的数据，分析影响因素和时间消耗之间的关系，确定影响因素和时间消耗之间的函数式。分析影响因素和时间消耗之间关系的方法可以是手工的坐标图法，也可以使用计算机软件完成。

坐标图法。将搜集到的各种作业项目的时间消耗数据，在坐标图中绘出对应的坐标点，将各个点连成一条直线或曲线，该条线即反映了时间消耗与影响因素之间的变化规律。根据线的类型，可选择相应的函数方程，求出其中常数与系数，从而得到定额标准经验公式。

用 Excel 软件。将搜集到的时间消耗与影响因素的相应数据录入 Excel，绘制散点图和趋势线，并标出趋势线的方程。拟合得最好的趋势线的方程就是标准数据的经验公式。

8.3　编制定额标准

定额标准的编制通常分为基础时间定额标准、综合时间定额标准。基础时间定额标准包括切削用量标准、基本时间标准、准备与结束时间标准、辅助时间标准、宽放时间标准。但是这种分类方法与定额时间的分类不一致，并且，切削用量标准的编制，严格意义上来说，应该不属于劳动定额的范畴，而仅仅是劳动定额的条件。因此，我们编制定额标准按照定额时间的分类（定额时间包括准备与结束时间、作业宽

放时间、个人需要与休息宽放时间、作业时间)进行,并将其划归基础时间标准。在此基础上,建立起各种综合性质的定额标准,称综合时间标准。例如,工步时间标准、典型零件工序时间标准等。

在编制基础时间标准时,对作业时间标准编制进行了细化,分为基本作业时间标准、辅助作业时间标准,并将基本作业时间标准的编制分为基本型定额标准和实用型定额标准,将辅助作业时间分为装卸辅助时间标准、工步辅助时间标准、测量辅助时间标准。详见图8-3。综合时间标准是在基础标准的基础上建立起来的综合性质的时间标准,包括工步时间标准、典型零件时间标准。因为它是将不同的作业内容综合在一起,因此,只要有了基础标准,综合时间标准的编制就比较简单了,本书中不再详细阐述。

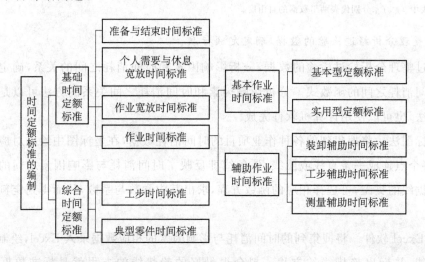

图 8-3 定额标准的编制

8.3.1 准备与结束时间标准的编制

1. 准备与结束时间的性质

准备与结束时间的基本特征就是仅仅发生在一批产品投产前后,而与产品的批量无关。投产前的准备工作包括领取工件毛坯或半成品、熟悉工艺文件、调整工装夹具、首件产品送检等,结束工作包括成批产品送检、还回工艺文件、量具等。准备与结束时间分为固定部分和变动部分。因为准备与结束时间与其他的时间工作内容不同、特征不同,所以需要单独制定其时间标准。

2. 准备与结束时间的影响因素

对影响因素的分析,通常需要考虑劳动工具(包括设备、工装、刀具、量具等)、劳动对象(包括工件材质、毛坯种类、工件复杂程度等)、技术要求(加工精度、表面粗糙度、工艺方法等)、组织管理条件(生产批量、劳动组织、工作地组织与专业化程度等)四个方面的因素。

(1)劳动工具。不同的劳动工具对准备与结束时间的影响较大。通常劳动工具越大、越复杂,进行准备与结束工作所需的时间越长。

(2)劳动对象。毛坯种类和工件材质会影响准备与结束时间,但是其影响变化要根据实际而定。工件的复杂程度与准备与结束时间成正比,也就是说工件越复杂,准备与结束时间越长。

(3)技术要求。加工精度、表面粗糙度对准备与结束时间的影响较大。通常加工精度、表面粗糙度的要求越高,调整设备、工装、首件检验等所需的时间越长,对应的准备与结束时间就越长。

(4)组织管理条件。

一是生产批量对准备与结束时间的影响。生产批量本身对准备与结束时间没有影响,但是,生产批量越大,分摊到每件产品中的准备与结束时间越少,所以大量生产可以忽略不计。批量越小,对准备与结束时间的准确度要求越高。

二是劳动组织。不同的劳动组织对准备与结束时间也会产生影响。对集体作业的班组,因为班组成员相互分工、合作,在时间上重叠,准备与结束时间就比较低。

三是工作地组织与专业化程度。对于工作地组织越好、专业化程度越高的工序,其准备与结束时间就越短,反之则越高。例如,对于有专人负责物料领取、转运等,将会极大减少工序操作者用于准备与结束工作的时间。

3. 影响因素的性质判断

(1)确定影响因素的主次:在四项因素中,主要因素是劳动工具和加工复杂程度;其次是劳动对象和技术要求,对准备与结束时间影响相对较小的是劳动组织。

(2)明确质因素与量因素:四项因素都是质因素。

(3)明确变量作业要素与定量作业要素:准备与结束时间的作业活动都是定量作业要素。

4. 准备与结束时间标准的编制

因为准备与结束时间的主要影响因素是劳动工具(劳动工具包括设备、工装夹具、刀具、量具等)与工件复杂程度,并且都是质因素,准备与结束作业活动都是定量作业要素,所以,编制准备与结束时间要以劳动工具、工件复杂程度为主,应用测时法或写实法获取一定量的实测数据之后,再用求平均数的方法获得。准备与结束时间标准常用表格式表示,如表8-8所示。

表 8-8 普通车床准备与结束时间标准表

序号	工作项目	准备与结束时间固定部分					
		机床中心高(mm)					
		150~180		200		300	
		一般	复杂	一般	复杂	一般	复杂
1	接受工作	3		3		3	
2	领取工票及工艺卡片	2		2		2	
3	毛坯点收	2		2		2	
4	装卸一般刀具	1.5		2		2	
5	调整机床及进给量	0.5		0.5		0.5	
6	熟悉图样	2	2.5	2.5	3	3	3.5
7	借还专用工具及量具	2	3	3	4	4	5
8	首件交检	1.5	2	2	2.5	2.5	3
9	一批加工完毕的结束工作	2		2		2	
	固定部分合计	16.5	18.5	19	21	21	23
		准备与结束时间变动部分					
10	卸下后尾	1.5		1.5		2.0	
11	三爪四爪脚掉头	2		2		2	
12	转动或拧紧刀架	4		4		4	
13	转动或拧紧尾座	3		3		3	
14	换算尺寸					4	
15	装卸中心架跟刀架	2		3		4	
16	刃磨样板刀	5				6	
17	装卸弯板	—		20		30	
18	装卸花盘	2		3		4	

备注:1. 复杂零件是指加工尺寸在五个以上的。
   2. 变动部分可以根据实际增删。
(资料来源:陈平,孙义敏. 工业企业劳动定额[M]. 太原:山西人民出版社,1982)

8.3.2 作业宽放时间标准的编制

1. 作业宽放时间的性质

作业宽放时间包括组织性宽放和技术性宽放。组织性宽放是用于工作轮班开始与终结的准备活动和结束活动以及交接班活动所消耗的时间。技术性宽放则是用于技术上的需要,为维护技术设备的正常工作状态,而用于照管工作地活动所消耗的时间。组织性宽放是相对固定的,所以一般可以用工作轮班时间的一定比例来计算,而技术性宽放则与基本作业时间相关,基本作业时间越长,用于调整设备、校正工具、刃磨刀具等技术性需要的时间越长。所以,技术性宽放用基本作业时间的比例来计算更为恰当。

2. 作业宽放时间的影响因素

(1)劳动工具。不同的劳动工具对作业宽放时间有影响。通常劳动工具越大,进行更换、校正刀具、清扫铁屑等作业宽放时间越长。

(2)劳动对象。毛坯种类、工件材质和工件复杂程度等对作业宽放时间的影响不确定。

(3)技术要求。加工精度、表面粗糙度对作业宽放时间的影响不大。

(4)组织管理条件。

一是生产批量对作业宽放时间的影响较小。

二是劳动组织。不同的劳动组织对作业宽放时间的影响较小。

三是工作地组织与专业化程度。对于工作地组织越好、专业化程度越高的工序，作业宽放就越短，反之则越高。例如，有专人负责清扫工作地等，将会减少工序操作者用于作业宽放工作的时间。

3. 影响因素的性质判断

(1)确定影响因素的主次：在四项因素中，主要因素是劳动工具。

(2)明确质因素与量因素：四项因素都是质因素。

(3)明确变量作业要素与定量作业要素：作业宽放的作业活动都是定量作业要素。

4. 作业宽放时间标准的编制

因为作业宽放时间的主要影响因素是劳动工具（劳动工具包括设备、工装夹具、刀具、量具等），并且劳动工具是质因素，作业宽放作业活动都是定量作业要素，所以，编制作业宽放时间要以劳动工具为主，应用测时法或写实法获取一定量的实测数据之后，再用求平均数的方法获得。作业宽放时间标准常用表格式表示，如表8-9所示。

表8-9 普通车床作业宽放时间标准表

序号	项目内容	C610	C620	C630	C650	C512	C523	C534	C551
1	看交班记录，检查工作	2	2	2	2	2	2	2	2
2	检查机床、加油	3	3	3	3	3	3	3	3
3	工作班前后取出、放回工具	3	3	3	3	3	3	3	3
4	工作班中更换和修磨刀具	8	8	9	10	8	8	10	10
5	工作班中校正量、检、刀具	4	4	5	5	5	5	5	6
6	工作班中清扫铁屑	5	5	6	6	4	4	5	5
7	工作班中验收物料	2	2	2	2	2	2	2	2
8	下班前清扫机床和工作地	10	12	15	16	12	13	14	15
9	填写交班记录	3	3	3	3	3	3	3	3
10	其他	4	4	4	4	4	4	4	4
	小计	44	47	52	55	46	47	51	53

8.3.3 个人需要与休息宽放时间标准的编制

1. 个人需要与休息宽放时间的性质

个人需要与休息宽放时间是工作班内满足员工个人生理需要,以及为消除过分紧张和疲劳所必需的间歇时间,包括个人需要宽放时间和休息需要宽放时间。个人需要宽放时间主要是用于满足个人生理需要,休息需要宽放时间主要用于缓解疲劳。基本作业时间与疲劳程度成正比,所以休息时间与基本作业时间成比例。个人生理需要时间的绝对数相对固定,所以用占整个工作轮班时间的比重计算最准确。

2. 个人需要与休息宽放时间的影响因素

(1)劳动工具。劳动工具的自动化程度越高,休息宽放所需要的时间越少。例如,操作数控加工设备与操作普通机床相比,因为数控加工设备的机动时间部分可以用于休息,所以所需要的个人需要与休息宽放时间较短。

(2)劳动对象。毛坯种类、工件材质和工件的复杂程度对个人需要与休息时间的影响不确定。

(3)技术要求。加工精度、表面粗糙度对个人需要与休息宽放时间的影响不确定。

(4)组织管理条件。生产批量、劳动组织、工作地组织与专业化程度对个人需要与休息宽放时间影响极小。

3. 影响因素的性质判断

(1)确定影响因素的主次:主要因素是劳动工具。

(2)明确质因素与量因素:劳动工具是质因素。

(3)明确变量作业要素与定量作业要素:个人需要与休息宽放的活动都是定量作业要素。

4. 个人需要与休息宽放时间标准的编制

因为个人需要与休息宽放的主要影响因素是劳动工具(劳动工具包括设备、工装夹具、刀具、量具等),并且劳动工具是质因素,个人需要与休息宽放活动都是定量作业要素,所以,可以应用测时法或写实法获取一定量的实测数据之后,再用求平均数的方法获得。个人需要与休息宽放时间常用占工作轮班时间或作业时间的百分比表示。

8.3.4 基本型定额标准的编制

基本作业时间是定额时间的主要组成部分,在本章中,基本型定额标准和应用型定额标准都是以基本作业时间为对象,编制的定额标准。

1. 生产技术组织条件的典型化

企业的生产条件千差万别,对任何一个具体的企业而言,其生产技术组织条件包括的内容极其丰富,既包括机床设备、工装夹具、量具、刃具等劳动工具,也包括毛坯种类、零件材质等劳动对象,还包括加工精度、表面粗糙度等加工技术要求等。正因为企业的生产技术条件极其复杂,在制定定额标准时,应选择具有代表性的生产技术组织条件,即所谓的生产技术组织条件典型化。

对生产技术组织条件的典型化的原则是:

(1) 劳动工具的典型化

劳动工具的典型化就是要选择在类别、基本尺寸、性能方面具有代表性的机床或设备等。一般包括:

①对加工设备的型号规格、技术性能、基本尺寸、动力和精度等的典型化;

②对工具、夹具、量具、刃具、模具和工位器具等的典型化。

(2) 劳动对象的典型化

劳动对象的典型化就是要选择常用的、数量大的毛坯种类及工件材质作为典型。

①毛坯种类的典型化;

②工件材质的典型化;

③工件复杂程度的典型化。常以工件的加工面、装夹方法、精度、表面粗糙度及尺寸大小等分为简单件、中等件和复杂件等。

(3) 技术要求的典型化

①工艺过程、加工方法、工序结构等的典型化;

②加工精度、表面粗糙度、进给次数及加工的其他技术要求等的典型化。

(4) 组织管理条件的典型化

①劳动组织、工作地组织等条件的典型化;

②生产批量、专业化程度等条件的典型化。

2. 基本作业时间的性质

基本作业时间是直接用于改变加工对象的几何形状、尺寸、性能、使其发生物理或化学变化,以及为工作对象提供某种直接服务所消耗的时间。其特点是每加工一个工件,就要重复发生一次。

3. 基本作业时间的影响因素

（1）劳动工具。劳动工具对基本作业时间的影响较大。一方面，不同的设备类型，完成同样的基本作业时间不同；另一方面，即使是同一设备类型，不同的设备性能对基本作业时间的影响也较大。

（2）劳动对象。毛坯种类、工件材质和工件的复杂程度也会对基本作业时间产生影响。

（3）技术要求。加工精度、表面粗糙度等对基本作业时间有影响。一般情况下，完成同样的切削量，加工精度、表面粗糙度要求越高，基本作业时间越长。

（4）组织管理条件。生产批量、劳动组织、工作地组织与专业化程度对基本作业时间影响极小。

4. 影响因素的性质判断

（1）确定影响因素的主次：主要因素是劳动工具、劳动对象、技术要求。

（2）明确质因素与量因素：除切削余量等类似因素是量因素外，其他因素是质因素。

（3）明确变量作业要素与定量作业要素：基本作业一般都是变量作业要素，对切削作业，切削余量是量因素，其他因素都是质因素。

5. 编制定额标准的基本型

定额标准的基本型就是在典型化生产技术组织条件下，用函数表达的影响因素与时间消耗之间关系式的数学模型。

在对生产技术组织条件典型化之后，就可以根据预先确定的详略程度、表现形式编制定额标准。

【例 8-3】 对某数控加工中心的数据采集如表 8-10 所示，试确定切削余量与时间消耗之间的数学模型。

解：表 8-10 中，材质、使用设备、切削用量、精度、表面质量、倍率、刀具品种等，就是生产该零件的生产技术组织条件，将这些生产技术组织条件典型化之后得到的数学模型就是定额标准的基本型。

表 8-10 某数控加工中心采集的数据表

测时对象							
零部件		材质	数量	工序名称	使用设备	操作者	测时地点	测时时间
图号	名称	45♯钢		铣花瓣外形	卧加中心			
工艺技术参数							
程序（段）行数	刀具品种数量	切削用量			精度		倍率	
		切削深度 t	切削速度	进给速度 f	加工精度	表面质量	主轴	进给
	$\phi 60$ 玉米铣刀							

续表

程序作业工时消耗数据采集

工步名称	使用刀具	程序段号	加工倍率	加工尺寸				切削余量			工时消耗（min）			
				长度 L	宽度 B	高度 H	面积 F	吃刀深度 t	重量	体积	执行程序 crt	手动操作 tsf	功能界面操作 tgj	工时消耗合计
铣花瓣外形	φ60玉米铣刀	G2		280	43			1		12 040	12			12
		G3		560	43			1		24 080	23.76			23.76
		G4		840	43			1		36 120	35.52			35.52
		G5		1 120	43			1		48 160	47.28			47.28
		G6		1 400	43			1		60 200	59.04			59.04
		G7		1 680	43			1		72 240	70.8			70.8
		G8		1 960	43			1		84 280	82.56			82.56
		G9		2 240	43			1		96 320	94.32			94.32
		G10		2 520	43			1		108 360	106.08			106.08
		G11		2 800	43			1		120 400	117.84			117.84

分析该工序的加工，切削余量是影响工时消耗的量因素，在切削余量和工时消耗之间应该存在函数关系。在表中，切削余量仅收集了体积数据，所以就将体积与工时消耗导入 Excel 之中。

第一步，绘制散点图（见图 8-4）

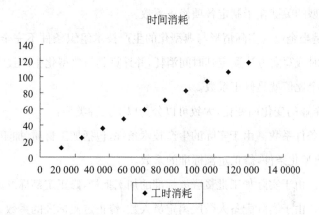

图 8-4　绘制切削余量与工时消耗的散点图

第二步，确定体积与工时消耗两者之间的关系

从图 8-5 中可以看出，两者之间的 $R^2=1$，每一个点都在线上，已经是最好的拟合，所以，切削余量与工时消耗之间的函数关系是：$T=0.001V+0.24$。

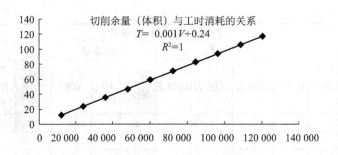

图 8-5　切削余量与工时消耗的函数关系

8.3.5　实用型定额标准的编制

定额标准基本型是在典型化生产技术组织条件下建立起来的,因为企业的生产技术组织条件千差万别,无论是在同一企业还是在不同企业,这种条件都存在变动的可能。如果企业的生产技术组织条件与典型化生产技术组织条件不一致或不完全一致,那么这种基本型就难以满足企业制定劳动定额的需要。所以就需要对定额标准基本型进行修正。修正的方法一般采用系数修正法。我们把这种用修正系数对基本型定额标准进行修正得到的时间定额标准称为实用型定额标准(或称定额标准实用型)。

实用型与基本型的区别源于生产技术组织条件不同,对此采取的方法是用修正系数进行修正。因此,实用型的关键在于制定各项修正系数。

修正系数就是当企业的实际情形与典型化的生产技术组织条件不完全一致时,针对不一致的部分,通过测时或写实方法测定其时间消耗,并计算其与典型化生产技术组织条件下的时间消耗的比值,这个比值就是修正系数。

修正系数因企业的变化而变化,大致可以分为以下几种类型:

(1)生产技术条件系数。由于实际的生产技术条件,包括加工材质、加工设备、工具和加工要求等方面脱离典型化条件,修正定额标准的系数。

(2)批量系数。由于实际加工批量脱离标准的加工批量,修正定额标准的系数。

(3)定员系数。由于实际配备人数脱离定员人数,修正定额标准的系数。

(4)设备看管系数。由于实际看管设备台数脱离标准看管台数,修正定额标准的系数。

8.3.6　辅助时间定额标准的编制

8.3.6.1　装卸辅助时间标准的编制

1. 装卸辅助时间的性质

多数情况下,每一加工工序只发生一次装卸时间,因此可以理解为工序辅助时间,在编制时间定额标准时需要单独制定。

2. 装卸辅助时间的影响因素

(1)劳动工具。劳动工具对装卸辅助时间有较大影响。例如,夹具对装卸辅助时间有较大影响,三爪卡盘、四爪卡盘等,所需要的装卸时间就不一样。

(2)劳动对象。毛坯种类、工件材质、工件的复杂程度、重量对装卸辅助时间有影响。例如,工件的复杂程度会对装卡的方式有要求,进而影响装卸时间;一般而言,工件重量越重,装卸时间越长,装卸时搬运的距离越长,装卸时间越长。

(3)技术要求。一般情况下,加工精度、表面粗糙度要求越高,装卸辅助时间越长。在夹具确定之后,装夹的方法对装卸辅助时间有影响。例如,在确定四爪卡盘之后,用千分表在一个面上和在三个面上校正所需的时间当然不一样。

(4)组织管理条件。生产批量、劳动组织、工作地组织与专业化程度对装卸辅助时间影响较小。

3. 影响因素的性质判断

(1)确定影响因素的主次:主要因素是劳动工具、工件重量。

(2)明确质因素与量因素:劳动工具是质因素,工件重量是量因素。

(3)明确变量作业要素与定量作业要素:装夹是变量作业要素,取放是变量作业要素。

4. 装卸辅助时间标准的编制

因为装卸作业的主要影响因素是劳动工具、工件重量和取放距离,并且劳动工具是质因素,工件重量是量因素(理论上,取放距离也应当是影响装卸辅助时间的主要因素,且是量因素,但是因为在通常情况下,工件的取放距离都相差不大,而且对某一设备而言,取放距离是相对固定的,所以,将取放距离作为次要因素忽略了)。可以将质因素作为分类标准,应用测时法或写实法测量不同分类对应的时间值即可。如表 8-11 所示。

表 8-11 装卸辅助时间标准表示例

工件装卸方法	在大中小型车床上,用四爪卡盘装卸			
工件装卸内容	(1)用手或吊车取工件,放在四爪卡盘内卡紧并校正工件 (2)停车后,松开工件,用手或吊车将工件放到一定的地方			
起重方法	工件重量(kg)	校正方法		
		用划针在一个面上	用划针在两个面上	用千分表或划针在三个面上
用手	1	0.8	1.3	2.2
	3	1.0	1.5	2.5
	8	1.5	2.1	3.3
	15	2.3	3.0	4.3

续表

用吊车	20	4.0	5.0	6.0
	30	4.8	5.8	7.0
	50	6.0	7.0	9.0
	80	7.5	9.0	11.0
	120	8.5	10.5	13.0
	160	10.0	12.0	14.0
	200	11.0	13.0	15.0
	250	12.0	15.0	17.0
	300	13.0	16.0	18.5
	400	14.5	18.0	21.0
	500	16.0	19.0	22.0
	600	17.5	21.0	24.0
	800	20.0	25.0	28.0
	1 000	22.0	26.0	30.0
	1 200	24.0	27.0	32.0
	1 500	26.0	31.0	36.0

(资料来源:周占文. 新编劳动定额定员学[M]. 北京:电子工业出版社,2009)

8.3.6.2 工步辅助时间标准的编制

1. 工步辅助时间的性质

工步辅助时间是指与每一加工工步相联系的各项辅助操作时间。如车床的开关车、进退刀、变速、清除切屑等。这些操作是随着加工每一工件、执行每一工步而重复进行的。

2. 工步辅助时间的影响因素

(1)劳动工具。机床的自动化程度、机床操纵系统的布局、便利程度不同,会对工步辅助时间产生影响。自动化程度高的机床设备比通用设备的工步辅助时间少,同时机床的行程也会对工步辅助时间造成影响。

(2)劳动对象。工件的复杂程度对工步辅助时间有影响。工件越复杂,工步辅助时间越长。

(3)技术要求。工件的加工内容越多技术越复杂,加工精度越高,工步辅助时间在作业时间中所占的比重越大。

(4)组织管理条件。生产批量、劳动组织、工作地组织与专业化程度本身对工步辅助时间影响较小。但是,如果是大批量生产,企业一般会采用自动化程度高的设备,这会导致工步辅助时间的降低。反之亦然。

3. 影响因素的性质判断

(1)确定影响因素的主次:主要因素是劳动工具、技术要求。

(2)明确质因素与量因素:劳动工具中与行程无关的操作和技术要求都是质因素,劳动工具中与行程有关的操作中,行程是量因素。

(3)明确变量作业要素与定量作业要素:劳动工具中与行程无关的操作是定量作业要素,劳动工具中与行程有关的操作是变量作业因素。

4. 工步辅助时间标准的编制

因为工步辅助时间的主要影响因素是劳动工具、技术要求,并且有的是质因素和定量作业要素,有的是量因素和变量作业要素。对质因素和定量作业要素,可以应用测时法或写实法获取一定量的实测数据之后,再用求平均数的方法获得,如表 8-12 所示。对量因素和变量作业要素,可通过将相关要素分档次测时获取,如表 8-13 所示。

表 8-12 与行程无关的工步辅助时间标准表示例

序号	操作名称	机床型号 C615 C616 C618	C620	C630	动作描述
1	开车	0.03	0.03	0.03	伸手按电钮,然后手回到原处
2	关车	0.05	0.05	0.05	伸手按电钮,然后手回到原处
3	引进刀具	0.04	0.05	0.05	伸手摇手柄,引进刀具,然后手离刀柄回原处
4	引退刀具	0.03	0.05	0.05	伸手摇手柄,引退刀具,然后手离刀柄回原处
5	抬起光杆闸瓦	0.03	0.03	0.03	伸手操纵手柄然后手离手柄回原处
6	落下光杆闸瓦	0.02	0.02	0.03	伸手操纵手柄然后手离手柄回原处
7	清除切屑	0.09	0.09	0.10	伸手拿起铁钩,清除切屑,然后放下铁钩手回原处
8	离合器开车	0.03	0.03	0.03	伸手操纵手柄开车,然后手离手柄回原处
9	离合器关车	0.05	0.05	0.05	伸手操纵手柄关车,然后手离手柄回原处
10	松开或坚固大拖板	0.80	1.00	1.15	伸手拿起扳手,松开或锁紧拖板,然后放下扳手回原处

(资料来源:周占文. 新编劳动定额定员学[M]. 北京:电子工业出版社,2009)

表 8-13 与行程有关的工步辅助时间标准表示例

序号	操作名称	移动长度	机床型号		
			C616	C620	C630
1	进退床鞍(手动)	100	0.06	0.05	0.08
		200	0.08	0.07	0.09
		300	0.1	0.085	0.12
		450	0.12	0.11	0.16
		600	0.17	0.13	0.20
		800	0.21	0.17	0.26
		1 000	0.28	0.20	0.33
		1 200	0.30	0.23	0.36
		1 400	0.36	0.27	0.43

续表

序号	操作名称	移动长度	机床型号		
			C616	C620	C630
2	进退中滑板	25	0.06	0.05	0.05
		50	0.09	0.07	0.09
		75	0.12	0.09	0.15
		100	0.15	0.10	0.18
		150	0.2	0.13	0.20
		200	0.27	0.16	0.3
		250	—		0.32
3	进退小滑板（手动）	25	0.06	0.05	0.07
		50	0.1	0.09	0.13
		75	0.15	0.11	0.26
		100	0.2	0.13	0.30
4	进退尾座套（手动）	25	0.06	0.05	0.07
		50	0.12	0.09	0.13
		75	0.20	0.11	0.26
		250	0.32	0.16	0.23

（资料来源：陈平，孙义敏. 工业企业劳动定额[M]. 太原：山西人民出版社，1982）

8.3.6.3 测量辅助时间标准的编制

1. 测量辅助时间的性质

测量辅助时间是在加工过程中为检查和观察工件尺寸与形状的精度、粗糙度等并与标准对比所消耗的时间。测量时间变化比较复杂，故在编制机械加工时间标准时，把它作为一个基础标准单独制定。

2. 测量辅助时间的影响因素

(1) 劳动工具。测量工具对测量辅助时间的影响较大。例如，自动、专用的量具，如电感量仪、卡规、样板等，测量方法简单，测量耗时少。千分尺、卡尺等通用量具，测量方法多样，测量时间多。

(2) 劳动对象。工件的尺寸和工件的复杂程度与测量辅助时间成正比。

(3) 技术要求。工件的加工精度决定了所用的量具和测量方法。一般而言，加工精度越高，所用量具越复杂，测量的点数和每一测量点的方向数就越多，测量时间越长。

(4) 组织管理条件。生产批量、劳动组织、工作地组织与专业化程度本身对测量辅助时间影响较小。但是，大批量产品一般选用专用化、自动化程度高的量具，批量产品一般选用通用量具，这会导致对测量辅助时间产生影响。

3. 影响因素的性质判断

(1) 确定影响因素的主次：主要因素是劳动工具、劳动对象、技术要求。

(2) 明确质因素与量因素：劳动工具和技术要求是质因素，劳动对象（工件尺寸）是量因素。

(3) 明确变量作业要素与定量作业要素：除与工件尺寸有关的操作是变量作业要素外，其他都是定量作业要素。

4. 测量辅助时间标准的编制

因为测量辅助时间的主要影响因素是劳动工具、技术要求和劳动对象,并且有的是质因素和定量作业要素,有的是量因素和变量作业要素。对质因素和定量作业要素,可以应用测时法或写实法获取一定量的实测数据之后,再用求平均数的方法获得,如表 8-14。

表 8-14 测量辅助时间标准表示例

序号	测量方法	测量直径(mm)	测量长度(mm)					
			50	100	200	300	500	800
1	用钢直尺测量		0.12	0.15	0.20	0.23	0.25	0.30
2	用卡尺测量 (精度在 0.1mm 以下)	50	0.13	0.15	0.16	0.18	0.23	0.27
		100	0.16	0.17	0.18	0.20	0.24	0.29
		200	0.20	0.23	0.24	0.26	0.30	0.35
		300	0.25	0.30	0.34	0.37	0.40	0.45
3	用卡尺测量内径	25	0.15	0.20	0.25	0.28	0.31	0.35
		50	0.20	0.25	0.28	0.30	0.35	0.38
		100	0.25	0.30	0.34	0.36	0.40	0.45
		200	0.30	0.35	0.40	0.50	0.55	0.65
4	用千分尺测量外径 (测量精度为 2~3 级)	50	0.15	0.25	0.30	0.35	0.40	0.45
		100	0.20	0.30	0.35	0.40	0.45	0.50
		200	0.25	0.35	0.40	0.45	0.50	0.55
		300	0.40	0.50	0.60	0.65	0.70	0.75
5	用千分尺测量内径 (测量精度为 2~3 级)	25	0.20	0.25	0.35	0.45	—	—
		50	0.26	0.35	0.60	0.65	—	—
		100	0.30	0.40	0.70	0.75	—	—
		200	0.40	0.55	0.75	0.78	—	—
6	用深度千分尺测量		0.10	0.15	0.25	0.30	—	—
7	用塞尺测量	50 以下	0.15	0.20	—	—	—	—
		80 以下	0.20	0.25	—	—	—	—

(资料来源:陈平,孙义敏. 工业企业劳动定额[M]. 太原:山西人民出版社,1982)

8.4 制定定额标准实例

8.4.1 电缆护套加工定额标准的编制

8.4.1.1 生产技术条件分析

1. 基本信息

电缆护套材料:MR2HDPE,高密度聚乙烯。表现为材料密度高,拉伸强度等机械性能优于LLD/LD/MD，材料硬度高，耐磨损性能优异，耐化学腐蚀性能好，耐高温和性能稳定。

电缆护套用途：广泛应用于电流的输送、汽车、机械等行业。

设备：数控机床，型号：CY－K6150B，规格：直径500/1000，型号：SDS 2－3MS，功率：25AV，额定电流：1A，额定电压：AC 80～260V，额定频率：60～50HZ。

组织管理：该设备单人单机生产，相关物料由专人送到加工位置附近，刀具由操作者自己刃磨，每日一班制生产。

2. 电缆护套加工操作方法

(1)弯腰取料。

(2)伸手拿游标卡尺测量。

(3)用手柄起开工作台，装夹。

(4)对刀(调试坐标数据)。

(5)开机加工，开水冲洗物料。

(6)等待机床加工。

(7)加工完成后，起开工作台。

(8)取下物料。

(9)用游标卡尺测量尺寸。

3. 电缆护套加工时间的影响因素

对影响因素的分析，需要考虑劳动工具(包括设备、工装、刀具、量具等)、劳动对象(包括工件材质、毛坯种类、工件复杂程度等)、技术要求(加工精度、表面粗糙度、工艺方法等)、组织管理条件(生产批量、劳动组织、工作地组织与专业化程度等)四个方面的因素。

(1)劳动工具。劳动工具对产品的工时消耗影响较大。其中影响最大的是设备种类、夹具。本例中，设备采用数控机床，夹具为通用夹具，使用量具为游标卡尺。

(2)劳动对象。工件材质304不锈钢、毛坯重量0.25kg，工件复杂程度简单。本例中加工的工件较为简单。

(3)技术要求。工件的加工精度、表面粗糙度一般，工艺方法为车削加工，切削量对加工时间消耗影响较大。

(4)组织管理条件。生产批量为小批，一人一机每日一班制生产，材料送料到工作地，操作者本人负责刀具刃磨。

4. 影响因素的性质判断

(1)确定影响因素的主次：主要因素是劳动工具、劳动对象、技术要求。

(2)明确质因素与量因素：劳动工具和技术要求是质因素，切削量是量因素。

(3)明确变量作业要素与定量作业要素:除与切削有关的操作是变量作业要素外,其他都是定量作业要素。

5. 定额标准编制的方法

本例制定的是综合定额标准,即将零件加工的条件典型化作为标准。所以需要关注唯一的量因素——切削用量。可以应用测时法或写实法获取一定量的实测数据之后,再用求平均数的方法获得。本例采用写实法。

8.4.1.2 收集资料并编制定额标准

1. 进行写实

相关表格见表 8-15。

表 8-15 工作日写实记录表

起止时间		延续时间	活动内容	完成任务量	备注
时	分				
08	0	—	开始观测		
	08	8	上厕所		
	13	5	接受任务、熟悉图纸		
	23	10	领工夹量具		
	48	25	刃磨车刀		
	50	2	安装工件		
09	10	20	操纵机床		
	15	5	抽烟		
	16	1	测量尺寸		
	17	1	卸下工件	1	
	22	5	油石打磨车刀		
	24	2	安装工件		
09	40	16	与师傅聊天		
	58	18	操纵机床		
10	08	10	接电话		
	13	5	抽烟		
	30	17	操纵机床		
	31	1	测量尺寸		
	32	1	卸下工件	1	
	42	10	清理铁屑		
	44	2	安装工件		
	50	6	抽烟		
11	00	10	与同事聊天		
	20	20	操纵机床		
	22	2	测量尺寸		
	23	1	卸下工件	1	
	33	10	清除铁屑		
	53	20	等待毛坯		
12:00~13:00		60	吃午饭		

续表

起止时间		延续时间	活动内容	完成任务量	备注
时	分				
13	02	2	安装工件		
	22	20	操纵机床		
	32	10	上厕所		
	33	1	测量尺寸		
13	34	1	卸下工件	1	
	55	19	操纵机床		
14	05	10	与师傅讨论问题		
	10	5	清理铁屑		
	11	1	测量尺寸		
	12	1	卸下工件	1	
15	30	78	机床出故障		等待修理机床
	32	2	安装工件		
	37	5	抽烟		
	47	10	与同事聊天		
16	06	19	操纵机床		
	07	1	测量尺寸		
	08	1	卸下工件	1	
	10	2	安装工件		
	18	8	上厕所		
	33	15	操纵机床		
	34	1	测量尺寸		
	35	1	卸下工件	1	
	40	5	抽烟		
	50	10	清理铁屑		
17	00	10	提前下班		
合计		480			

2. 对写实记录表进行初步整理

整理的方法是将活动内容名称或内容相同的项目进行归类,并汇总计算总时间。

表 8-16 工作日写实初步汇总表

工时消耗名称	延续时间和次数	总时间
上厕所	8、10、8	26
接受任务、熟悉图纸	5	5
领工夹量具	10	10
刃磨车刀	25	25
安装工件	2、2、2、2、2、2	14
操纵机床	20、18、17、20、20、19、19、15	148
抽烟	5、5、6、5、5	26

续表

工时消耗名称	延续时间和次数	总时间
测量尺寸	1、1、2、1、1、1、1	8
卸下工件	1、1、1、1、1、1、1	7
油石打光车刀	5	5
与师傅聊天	16	16
接电话	10	10
清理铁屑	10、10、5、10	35
与同事聊天	10、10	20
等待毛坯	20	20
吃午饭	7	7
与师傅讨论问题	10	10
机床出故障	78	78
提前下班	10	10
总计	—	480

3. 对写实记录表进行分类综合

表 8-17　工作日写实分类综合表

工时分类		操作内容	时间消耗
定额时间	基本作业时间	操纵机床	148
	辅助作业时间	安装工件	14
		卸下工件	7
		测量尺寸	8
		小计	29
	作业宽放	油石打磨车刀	5
		清除铁屑	35
		与师傅讨论问题	10
		小计	50
	个人需要与休息宽放	上厕所	26
		吃午餐	7
		小计	33
	准备与结束时间	接受任务、熟悉图纸	5
		领工夹量具	10
		刃磨车刀	25
		小计	40
非定额时间	由于个人原因造成的停工时间	聊天	36
		接电话	10
		抽烟	26
		提前下班	10
		小计	82
	由于组织原因造成的	等待毛坯	20
		机床故障	78
		小计	98
总计		—	480

4. 设计工作日时间使用标准

设计工作日时间使用标准的思路是，在工作日中，所有的时间都应该用于劳动定额，因为在定额时间之中，除了作业时间和准备与结束时间之外，已经包括了作业宽放和个人需要与休息宽放。

设计步骤：

首先，设计准备与结束时间、个人需要与休息宽放、作业宽放的时间。在本例中，基本认可了这三类时间在写实中的时间消耗。机械类企业的个人需要与休息宽放时间一般占工作轮班时间的10%左右，作业宽放则与机床相关，有的企业规定普通车床为5%；大型车床为12%；钻床为8%；铣床为8%；磨床为8%；齿床为3%；立式车床和牛头刨床均为15%。

其次，将非定额时间分摊到基本作业时间和辅助作业时间当中，分摊的比例参照写实中基本作业时间和辅助作业时间的比例。本例的非定额时间为180分钟，分摊到基本作业时间和辅助作业时间的时间分别为：

$$分摊到基本作业时间的时间 = \frac{292}{350} \times 100\% \times 180$$

$$分摊到辅助作业时间的时间 = \frac{58}{350} \times 100\% \times 180$$

表 8-18　工作日时间使用标准表

工时分类		观测、设计时间	观测记录情况		设计标准时间		备注
			延续时间(min)	占工作日的%	标准时间(min)	占工作日的%	
定额时间		准备与结束时间	40	8.3	40	8.3	
	作业时间	基本作业时间	148		292	60.9	基本作业与辅助作业是占作业时间的%
		辅助作业时间	29		58	12.1	
		小计	177	36.9	350	73	
		个人需要与休息宽放	33	6.9	40	8.3	
		作业宽放	50	10.4	50	10.4	
		小计	300	62.5	480	100	
非定额时间		额外工作时间					
		由于组织原因造成的中断时间	98				
		由于个人原因造成的中断时间	82				
		小计	180	37.5			
		总计	480	100	480	100	

5. 计算电缆护套的定额标准

(1)作业时间的计算

①根据前述工作日写实记录的工作量完成情况，计算加工的单位产品时间(即单件产品的工时定额)加工工作量与时间消耗情况。

在计算每件产品的时间消耗时,通常可以根据写实资料,从安装工件开始,到卸下工件结束,将这段时间所涉及的作业内容和对应的时间消耗列入即可。

需要注意的是,存在某些作业活动并非仅是加工该件产品获益情形,不能将它全部计入一件产品的时间消耗中。例如,本例中的油石打磨车刀,尽管发生在第一件产品的加工时间段内,但是所有的工件加工都是获益的,所以应该将其分摊到每件产品的加工中去。在表 8-19 中用括号括起来的都是这类情形,包括清除铁屑、油石打磨车刀。

表 8-19 完成每件产品的时间(一)

完成工作量(件)		1	1	1	1	1	1	1
安装工件时间(min)		2	2	2	2	2	2	2
操纵机床时间(min)		20	35	20	20	19	19	15
测量工件时间(min)		1	1	2	1	1	1	1
取下工件时间(min)		1	1	1	1	1	1	1
清除铁屑	实际		(10)	(10)		(5)		(10)
	分摊后	5	5	5	5	5	5	5
油石打磨车刀	实际	(5)						
	分摊后	0.7	0.7	0.7	0.7	0.7	0.7	0.7
单件产品的作业时间		29.7	44.7	30.7	29.7	28.7	28.7	24.7

② 计算单件产品作业时间的平均时间,根据表 8-19,重新排列后得到表 8-20。

表 8-20 完成每件产品的时间(二)

完成工作量(件)	1	1	1	1	1	1	1
单件产品的作业时间	24.7	28.7	28.7	29.7	29.7	30.7	44.7

③ 计算先进平均作业时间。

如果用控制图法进行筛选,最后一个数据将会被删除。下面计算先进平均数,不用控制图,也将其删除了。

先进平均时间的计算步骤:

首先计算出平均值:$平均值 = \dfrac{24.7+28.7+28.7+29.7+29.7+30.7+44.7}{7} = 30.986$

其次挑出比平均值小的作业时间值,再次求比平均值小的作业时间值的平均值即先进平均值:

$$先进平均值 = \dfrac{24.7+28.7+28.7+29.7+29.7+30.7}{6} = 28.7$$

④ 计算产量定额。

按写实资料确定劳动定额水平,按照前例工作日写实设计的工作日时间标准,作业时间为 350min,单件产品的工时定额为 28.7min/件,计算产量定额。

$$产量定额 = \frac{设计的工作日作业时间使用标准}{单位产品的工时定额} = \frac{350}{28.7} = 12.19(件/工日)$$

(2) 定额标准的编制

收集同类产品的切削量和时间消耗值,如表 8-21 所示。

表 8-21 不同型号产品的工时消耗

产品型号	DT1	DT2	DT3	DT4	DT5	DT6	DT7	DT8
切削量(mm^3)	8 000	10 000	11 000	13 000	20 000	27 000	46 000	67 000
工时消耗(min)	28.7	30.1	31.0	33	40	46.6	71.2	92.0

用回归分析法求出切削量与工时消耗之间的函数式,即定额标准基本型:

① 将数据导入 Excel 画散点图。

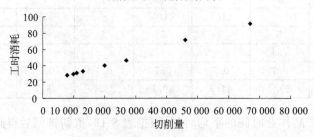

图 8-6 切削量与工时消耗的关系

② 确定切削量与工时消耗两者之间的关系。

从图 8-7 中可以看出,两者之间的 $R^2 = 0.997\ 6$,拟合得比较好,所以,可以判定切削量与工时消耗之间的函数关系是:$T = 0.001\ 1V + 18.852$。

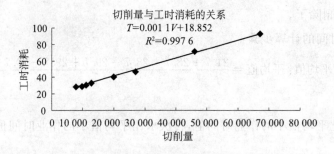

图 8-7 切削量与工时消耗的函数关系

(3) 电缆护套的定额标准

作业时间标准:$T = 0.001\ 1V + 18.852$;

准备与结束时间定额标准为:占工作日的 8.3%;

个人需要与休息宽放时间定额标准为：占工作日的 8.3%；

作业宽放时间定额标准为：占工作日的 10.4%。

8.4.2　立钻加工辅助作业定额标准的编制

8.4.2.1　生产技术条件分析

1. 基本信息

某机械制造厂加工车间有四台立钻，现需要编制立钻的辅助作业时间的定额标准。

产品情况：通过对企业生产产品的全面调查，找出所有通过立钻加工的零件，并选出工艺过程中有钻孔工序的 10 种零件，这 10 种零件的加工要求、材料、重量、尺寸与形状等不尽相同，但是在企业所有需要在这四台立钻上完成钻孔工序的零件中具有代表性。

设备：立钻。

组织管理：产品批量为中等批量；该设备单人单机生产。

2. 立钻加工操作方法

通过对钻床钻孔工序的跟踪观察，发现钻孔工序包括 14 个作业要素，其中，第 8 项是基本作业，其他的 13 个是辅助作业要素。

(1) 拿取工件；

(2) 清除夹具切屑；

(3) 将工件装入钻模；

(4) 拧紧钻模；

(5) 开动钻床；

(6) 钻头蘸冷却油；

(7) 钻头引向工件；

(8) 钻削；

(9) 除去切屑；

(10) 变速；

(11) 退出钻头；

(12) 停止主轴；

(13) 放松钻模；

(14) 取出工件。

3. 钻孔加工时间的影响因素及性质判断

因为作业要素已经明确，所以需要对这些辅助作业要素逐一分析：

(1)拿取工件

拿取工件时间消耗的影响因素主要有工件的重量、拿取距离。通过观察发现,四台立钻的工件拿取距离基本都相同,所以只需要关注工件重量,工件重量是拿取工件工时消耗的量因素,因此拿取工件是变量作业要素。

(2)清除夹具切屑

清除夹具切屑是指在加工过程中清除夹具中的切屑。从理论上分析,清除夹具切屑的时间消耗量与切屑数量相关,而切屑数量与切削量相关。但是经观察,发现操作者在清除夹具切屑时,无论切削多少,其动作基本相同,因此时间消耗相差不大。所以,清除夹具切屑是定量作业要素。

(3)将工件装入钻模

将工件装入钻模的操作主要受两方面因素影响:一是工件重量;二是工件的复杂程度。其中工件重量是量因素,其时间消耗随重量而变化,所以也是变量作业要素,工件复杂程度是质因素。

(4)拧紧钻模

拧紧钻模的影响因素主要是拧紧的紧固点数量,拧紧钻模的时间消耗随紧固点数量变化而变化,所以是量因素,也是变量作业要素。

(5)开动钻床

开动钻床是质因素,也是定量作业要素。

(6)钻头蘸冷却油

钻头蘸冷却油是质因素,也是定量作业要素。

(7)钻头引向工件

钻头引向工件,按理论分析,其时间消耗与移动距离成正比。但是因为是同一型号的钻床,其移动距离基本相同,所以钻头引向工件是质因素,也是定量作业要素。

(8)除去切屑

除去切屑是质因素也是定量作业要素,分析同"(2)清除夹具切屑"。

(9)变速

变速是质因素,也是定量作业要素。

(10)退出钻头

严格上来说,退出钻头的时间消耗应该与孔深相关,但是因为相差不大,所以也视为质因素和定量作业要素。

(11)停止主轴

停止主轴是质因素,也是定量作业要素。

(12)放松钻模

与拧紧钻模是相反的动作,所以是量因素,也是变量作业要素。

(13)取出工件

与拿取工件时反向操作,所以是量因素,也是变量作业要素。

汇总以上分析得到表 8-22、表 8-23。

表 8-22 作业要素性质划分表

作业要素性质	符号	作业要素名称
定量作业要素	C	清除切屑,开动钻床,钻头蘸冷却油,钻头引向工件,变速,退出钻头,停止主轴
变量作业要素	V	拿取工件,将工件装入钻模,拧紧钻模,放松钻模,取出工件

表 8-23 量因素与质因素表

作业要素		拿取工件	工件装入钻模	拧紧钻模	放松钻模	取出工件
影响因素 1	名称	工件重量	工件重量	钻模紧固点	钻模紧固点	工件重量
	性质	量	量	量	量	量
影响因素 2	名称	—	工件复杂程度	—	—	—
	性质	—	质	—	—	—
影响因素数量		1	2	1	1	1

3. 辅助作业定额标准编制的方法

本例采用测时法。

8.4.2.2 编制辅助作业时间的定额标准

1. 定量辅助作业时间标准编制

编制定量辅助作业时间标准只需要采用测时法,收集一定数量的测时数据再取平均值或先进平均值即可。根据表 5-2 的经验数据,中批生产需要 8 次,为方便测量,统一确定测时次数为 10 次。经测时得到相关数据如下:

表 8-24 定量作业要素时间消耗表

序号	作业要素	时间消耗(秒)
1	清除夹具切屑	35
2	开动钻床	11
3	钻头蘸冷却油	21
4	钻头引向工件	17
5	除去切屑	10
6	变速	32
7	退出钻头	12
8	停止主轴	17
	合计	155

2. 变量辅助作业时间标准的编制

(1)拿取工件时间定额标准的编制

①经收集得到表 8-25 的数据。

表 8-25　拿取工件时间消耗表

测时项目	LD1	LD2	LD3	LD4	LD5	LD6	LD7	LD8	LD9	LD10
零件代号	B501	C408	B532	A392	B108	C119	A201	B482	A108	B109
工件重量	2	8	6	4	3	8	6	5	1	8
拿取时间	2.9	10.5	7.5	6.5	6.0	8.5	8.0	7.5	5.0	8.5

②用 Excel 拟合得到工件重量与拿取时间之间的函数关系,见图 8-8 所示。

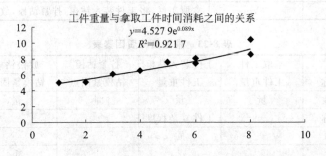

图 8-8　工件重量与拿取工件时间消耗

(2)编制工件装入钻模的时间定额标准

工件装入钻模与拿取工件不同的是,它有两个影响因素。其中一个是质因素,一个是量因素。对于这种有两个因素的定额标准资料的编制,首先是按质因素分类,再根据其分类分析量因素对时间消耗的影响的函数。

首先,将质因素——零件复杂程度,分为简单、中等、复杂三档。

其次,在质因素不同档次内分别研究量因素工件重量和时间消耗值的对应关系。

①收集数据,见表 8-26。

表 8-26　工件装入钻模时间消耗表

测时项目	LD1	LD2	LD3	LD4	LD5	LD6	LD7	LD8	LD9	LD10
零件类别	简单	中等	复杂	中等	复杂	复杂	中等	简单	中等	简单
工件重量(kg)	2	8	6	4	3	8	6	5	1	8
时间消耗	2.9	21	24	12.5	17.5	30	16	7.5	11	9

②对表 8-26 重新排列,得到表 8-27。

表 8-27　重新排列的工件装入钻模时间消耗表

零件类别	简单			中等				复杂		
工件重量(kg)	2	5	8	8	4	6	1	6	3	8
时间消耗	2.9	7.5	9	21	12.5	16	11	24	17.5	30

③用Excel即可获得工件重量对时间消耗的影响的函数关系式，即定额标准。本例因为采集的零件只有十个，分摊到每种零件类别的数据量是不够的。本例的这部分计算仅用来展示方法。

简单件的定额标准：$T_1 = 0.54G + 4.7$

中等件的定额标准：$T_2 = 1.50G + 7.9$

复杂件的定额标准：$T_3 = 2.74G + 9.9$

(3) 其他时间定额标准的编制

其他拧紧钻模、松开钻模、取出工件的时间定额标准的编制方法相同。在获取了定量要素的定额标准和变量要素的定额标准后，只需要将两者汇总在一起即得到立钻钻孔的定额标准。

8.5 思考题

1. 什么叫标准资料法？它和预定动作时间标准相比较有什么异同？
2. 请简述制定定额标准的步骤。
3. 定额标准基本型和应用型有什么不同？
4. 什么是质因素？什么是量因素？
5. 什么是定量作业要素？什么是变量作业要素？
6. 请比较质因素和定量作业要素的区别。
7. 请比较量因素和变量作业要素的区别。
8. 如何判定哪些因素是影响定额标准的主要因素？
9. 请组建小组，分小组到企业开展编制定额标准的实践。

第 9 章
数控加工劳动定额的编制

通过本章的学习,要求掌握以下知识点:
- 了解数控机床的种类
- 了解数控机床加工的特点
- 影响数控加工时间的因素
- 编制数控加工定额标准的基本性和实用型

第 9 章
数控加工工艺的制定

- 了解数控加工工艺的特点及工艺内容
- 了解数控加工工艺性分析
- 掌握数控加工工艺路线的拟定
- 掌握数控加工工序的设计
- 能根据零件图样制定数控加工工艺卡片

案例 9-1　根据普通机床制定的数控加工劳动定额

张晓龙是工业工程专业的毕业生,已经在企业工作了五个年头。从 2013 年年初开始,被调到劳动定额管理岗位工作。因为在大学里学习了劳动定额方面的课程,所以对这项工作上手比较快。经过一年的工作,基本上适应了新的岗位。但是,也还存在一些问题。其中一个最主要的问题就是数控加工劳动定额的制定。企业本来就有数控加工的劳动定额,但是他在工作中发现误差较大,他也问了他师傅——一位 30 年工龄的老定额员,数控加工定额是怎么制定的?师傅告诉他,数控加工的劳动定额是沿袭自普通机床加工,当时数控设备也比较少,懂数控设备操作的人也比较少,就参照普通机床制定了劳动定额。之后虽然数控机床的数量不断增加,应用范围越来越广,但是对数控机床劳动定额的调整幅度都不大,直到现在。

在企业中,案例中描述的情形也大量存在。一方面是因为数控机床价格较高,企业不是大批量引进,对于个别问题不会大规模修订劳动定额,所以只是基于普通设备微调制定其定额。另一方面,目前尚无权威的数控加工劳动定额标准,而企业的劳动定额员一般都熟悉普通机床而很少熟悉数控设备,所以也只能借鉴其原有经验。而目前,数控设备已经在企业中占了相当的比重,如何提高数控加工劳动定额的质量水平是当前企业必须面对的问题。

9.1　数控加工概述

9.1.1　数控机床及其种类

数控设备是在生产过程中应用数字信息实现自动控制和操纵运行的生产设备。数控机床是数字控制机床的简称,它是一种采用了数字控制技术的自动化机床,即机床的运动及其加工过程都是由数字控制进行的。

数控系统目前已经发展到第五代。第一代采用电子管元件的数控装置;第二代采用晶体管元件和印刷电路板;第三代采用小规模集成电路;第四代采用大规模集成电路;第五代采用以微处理器为核心的数控系统。第一、二、三代数控系统都是采用专用控制计算机的硬接线数控系统,被称为硬件 NC 系统,统称为普通数控系统(NC)。NC 系统只能完成固定的控制功能。随着科技发展,小型计算机价格急剧下降,推出了使用小型计算机取代专用控制计算机的数控系统(Computerized NC,CNC),它是通过编制程序来实现多种控制功能,因此又被称为"软件 NC"系统。第五代以微处理器为核心的数控系统(Micro-computerized NC),又称 MNC。

9.1.2 数控机床的种类

数控机床的品种规格已经有 500 多种,其分类方法较多,目前尚没有统一规定。下面按照常用的方法进行分类。

1. 按加工方式和工艺用途分类

(1)普通数控机床

普通数控机床是指在加工工艺过程中的一个工序上实现数字控制的自动机床。这类机床可以按照功能进一步细分。如表 9-1 所示。

(2)加工中心

加工中心是将数控铣床、数控镗床、数控钻床等功能组合在一起的带有刀库和自动换刀装置的数控机床。正因为其集各种功能于一身,因此可以一次装夹之后就可以进行铣、镗、钻、攻螺纹等多种加工,适用于多品种、少批量、零件形状复杂、精度要求高的产品。

表 9-1 普通数控机床按功能分类

类别	示例
金属切削类数控机床	数控车床、数控铣床、数控镗床、数控磨床、数控刨床齿轮加工等
金属成形类数控机床	数控折弯机、数控弯管机、数控压力机、数控旋弯机、数控板材成形加工机床等
特种加工机床	数控线切割机床、数控电火花机床及数控激光切割机床等
其他数控机床	数控火焰切割机床、数控缠绕机、数控三坐标测量机等

2. 按运动轨迹分类

(1)点位控制数控机床

点位控制是指数控系统控制刀具或工作台从一个点精确地移动到另一个点,然后进行定点加工。在移动过程中不进行加工,对定位过程中的运动轨迹没有严格要求。如数控钻床、数控镗床、数控冲床、数控点焊机等。

(2)点位直线控制数控机床

点位直线控制与点位控制不同的是,除了要求控制点与点之间的准确位置外,还要控制两点之间的速度和轨迹,在移动过程中按指定的进给速度进行切削。局限性是只能做简单的直线运动。常用于数控车床、镗铣床等。例如,将点位直线控制用于加工阶梯轴或盘类零件的数控车床上。

(3)轮廓控制数控机床

轮廓控制数控系统能同时对2个或2个以上的坐标轴进行连续关联控制,从而能控制刀具运行的轨迹,使其能够加工出任意的曲线、曲面。采用这类控制的有数控车床、数控铣床、线切割机床、数控磨床、加工中心等。

3. 按伺服控制系统分类

(1)开环控制系统

开环控制系统是不带反馈装置的控制系统,数控装置发出的指令是单向的。其驱动元件一般为步进电机。数控装置每发出一个脉冲信号,使步进电机转动一定的角度,再通过机械传动使工作台运动。运动部件的速度和位移量是由输入的脉冲信号的频率和脉冲数决定的。开环控制系统精度低,调整方便,成本较低,一般用于小型或经济型数控机床。

(2)闭环控制方式

闭环控制系统是在机床工作台上安装了反馈装置的控制系统。当机床根据数控装置发出的指令运动时,安装在机床工作台上的直线位移检测装置将检测到的工作台的实际位置实时反馈给数控装置的比较器中,与加工程序中的设定值进行比较,根据比较后的差值控制移动部件进行位置补偿,直至差值消除。闭环控制加工精度高、速度快,但价格昂贵,对机床结构及传动链要求较高,维护困难,主要应用在精度要求高的高档数控机床上。

(3)半闭环控制方式

半闭环控制系统与闭环控制方式不同,闭环控制是将直线位置检测元件直接安装在机床的运动部件上,是对位置的直接检测,而半闭环则是将旋转位置检测元件安装在伺服电机主轴或丝杠轴上,是间接检测移动部件的位移。其控制方式与闭环控制基本相同。半闭环控制系统结构简单、精度有所降低、造价也较低,但调试方便。当前,半闭环控制正是一种首选的控制方式,应用非常广泛。

除了以上的三种分类方式外,还有一些其他的分类方式。例如,按照联动的坐标轴数将数控机床分为高、中、低三档(其中低档为2~3轴联动;3~6轴联动的则为中高档)等。因篇幅所限,其他分类方式在这里不再一一赘述。

9.1.3 数控机床的特点

随着计算机技术、数控技术的不断发展,数控机床加工方法获得了日益广泛的应用。在企业中的地位和作用也愈发重要。与普通机床相比,数控机床有以下几个特点:

1. 自动化程度高,劳动强度低

与普通机床相比,数控机床的一个显著特征就是自动化。在普通机床上的大量操作需要机手并动,但是在数控机床上,除了装卸工件外,几乎全部加工过程都由机床自动完成,在国外甚至出现了"无人车间",这就是大量使用数控机床,并为数控机床配备了完备的辅助装置的结果。这样,操作者的劳动强度大大降低,工作条件得到较大改善。

2. 高能力,高柔性

一方面,数控机床有较高的复杂零件加工能力,能加工普通机床难以加工的复杂件;另一方面,在数控机床上加工不同的加工对象,不需要调整机床,更换工具、夹具,只需要更换加工程序,就可以自动加工出新的零件。这使得数控机床既能满足航天、航空、船舶、汽车模具等企业生产的需要,也适用于新产品的研制、多品种、小批量零件的加工。

3. 高精度,高质量

数控系统每输出一个脉冲,机床移动部件的移动量称为脉冲当量,数控机床的脉冲当量一般为 0.001mm,高的甚至能超过 0.0001mm,运动分辨率远高于普通机床,并且数控机床的定位精度高,可以获得较高的加工精度。数控机床的加工过程是由数字控制的,消除了操作者的人为误差,加工零件的一致性好,加工产品的质量比普通机床更稳定。

4. 高效率,高投入

数控机床正进入高速加工时代,主轴转速和进给量的范围大,能进行大切削量的切削,同时移动部件可以快速移动,提高了数控机床的加工效率。另外,数控机床自动化程度更高,加工过程中省去了划线、多次装夹定位、检测等工序,同样提高了生产效率。当然,这种高效率是以高投入为条件的。无论是初始投资还是维修费用,数控机床都高于普通机床。

5. 高技术,高要求

作为典型的光机电一体化产品的数控机床正朝着工艺复合化、功能集成化方向深入发展,技术越来越复杂,对机床操作者、编程人员、维护人员的素质提出了更高的要求,需要机床操作者、编程人员和维护人员具有丰富的知识,较高的技术水平和良好的职业素质。

6. 网络化,开放性

自第四代数控系统开始,数控机床已经开始使用小型计算机,通过软件实现对机床的控制。构建网络是计算机的一个基本功能,所以目前大部分数控机床都具有联网能力,可以方便地与其他计算机进行联网。同时,数控机床也呈现出开放性、模块化的特点。具有标准的硬件平台和开放的操作系统,具有较好的兼容性。

9.1.4　数控加工的步骤

1. 编程

数控编程方法包括手工编程、计算机辅助编程、在线编程三种方法,常用的是前面两种。如果工件的加工程序较长或比较复杂,一般用计算机辅助编程;否则,就用手工编程。

(1)手工编程

手工编程是指编程过程全部或主要工作为人工完成的编程方法。一般应用于加工程序简单的情形。手工编程包括以下步骤:

①零件分析。分析零件图纸,判断零件是否使用数控机床加工,明确加工的内容和要求。

②工艺设计。主要是选择基准,确定加工方法,制定工艺路线,划分工序,选择刀具和装夹方案等。

③数值计算。根据零件的形状尺寸和所确定的加工路线,计算确定加工程序中需要的与刀具轨迹有关的坐标、工序尺寸、公差以及数控机床需要输入的其他数据等。

④编写程序。根据工艺参数、加工顺序等编写零件加工程序。

⑤制备控制介质。制备控制介质主要针对存储程序内容的介质不能被数控机床读取的情形。所以只需将程序记录在能被数控机床读取的介质上即可。现在常用的介质包括U盘、硬盘、光碟等。

⑥程序校验与首件试切。用数控机床空运行来进行程序校验,检查机床运动轨迹和动作的正确性。对首个零件进行的试切削,检查程序和刀具造成的加工误差。

(2)计算机辅助编程

计算机辅助编程也称为自动编程,是利用计算机和专用软件编写加工程序的方法。常用的有CAD/CAM系统编程、APT系统编程。

①CAD/CAM系统编程

CAD/CAM系统编程就是在进行零件分析和工艺分析的基础上,利用CAD软件绘制零件的可视化数字模型,确定零件的加工部位、加工方法及尺寸、使用刀具、切削用量等工艺信息,并由计算机自动地计算出刀具的运动轨迹,通过仿真切削检验刀具轨迹的正确性,最后经后置处理得到零件的数控加工程序的编程方法。

②APT 系统编程

使用 APT(Automatically Programmed Tools)系统编程就是编程人员根据零件图和工艺要求,用编程语言编写零件加工的源程序,经过计算机的译码、计算和后置处理,自动生成数控加工程序的编程方法。

2. 工件定位、装夹与找正

轴类零件的定位方式通常是用三爪卡盘、四爪卡盘或弹簧套固定工件的外圆表面,铣削则多是利用零件上已有的面或孔或者采用专门设置工艺孔或工艺凸台等作为定位基准。装夹则需要装卸方便,不会导致夹紧变形,不影响进给等即可。对要加工的工件进行安装找正,建立基准。

3. 安装刀具

出于经济性考虑,企业数控机床的刀具往往是多台机床共用的,所以一般都需要在加工前,根据加工的需要安装刀具。

4. 对刀

对刀就是为确定工件坐标系所进行的找正、试切、测量等操作的总称。对刀的目的是确定程序原点在机床坐标系中的位置。

5. 开机、回参考点

接通机床总电源,启动系统。检查机床的液压、气压、油压和其他辅助设备的连接状态。建立机床各坐标的移动基准,并检查坐标轴是否回参考点。

6. 输入、调用、编辑加工程序

调入加工程序(若是简单程序可直接采用键盘在 CNC 控制面板上输入,或在 MDI 的方式下逐段输入逐段加工)。输入加工程序中的工件原点、刀具参数、偏置量、各种补偿值。需要时可以利用数控机床的编辑键进行增加、删除、更改。

7. 程序的检查与调试

首先将机床锁住,使数控机床空运行,对程序进行校验。对程序进行检查,若有错误,则需重新进行编辑。

8. 自动加工零件

为确保程序正确无误,加工前应再复查一遍。

9. 关机

关机的顺序是关机床电源→关系统电源→关闭总电源。例如,大连机床厂 CKE6150 机床,关机顺序就是:先按急停按钮、再按"系统停止"键,最后断开机床总电源。

9.2 影响数控加工时间的要素

9.2.1 切削用量

切削用量包括三个要素:切削速度 v、进给量 f、吃刀深度 α_p(或称切削深度)。

(1)切削速度

切削速度 v 是指单位时间内,工件与刀具沿主运动方向的相对位移。单位为 m/s 或 m/min。

(2)进给量

进给量 f(mm/r)或进给速度 V_f(mm/min)是指工件或刀具在一个工作循环内(或单位时间内),刀具与工件之间沿进给运动方向的相对位移。单位为 mm/r。

(3)吃刀深度

吃刀深度 α_p 是指待加工表面和已加工表面之间的垂直距离。单位为 mm。

正确地选择切削用量,对提高切削效率,保证必要的刀具耐用度和经济性,保证加工质量,具有重要的作用。在切削深度、进给量或进给速度一定的情况下,决定切削时间(或效率)的主要因素就是切削速度,因此在研究数控加工时间消耗规律的时候,必须是在标准切削用量的前提下进行。标准切削用量一般可按刀具、材料以及工序特性进行选取,见表 9-2 和表 9-3。

表 9-2 高速钢立铣刀(粗铣)切削用量选取表

材料	切削用量	刀具直径(mm)			
		10	20	30	40
钢	转速(r/min)	700~950	600~700	500~600	400~500
	切削速度(m/min)	23~24	24~25	25~26	26~27
	进给速度(mm/min)	80~90	70~80	60~70	50~60
	每齿进量(mm/齿)	0.05~0.06	0.06~0.07	0.07~0.08	0.08~0.09
铸铁	转速(r/min)	750~1 000	650~750	550~650	450~550
	切削速度(m/min)	24~25	25~26	26~27	27~28
	进给速度(mm/min)	100~120	80~100	60~80	40~60
	每齿进量(mm/齿)	0.06~0.07	0.07~0.08	0.08~0.09	0.09~0.10

续表

材料	切削用量	刀具直径(mm)			
		10	20	30	40
铝	转速(r/min)	3 500～5 000	3 000～3 500	2 500～3 000	2 000～2 500
	切削速度(m/min)	126～128	128～130	130～132	132～134
	进给速度(mm/min)	480～500	460～480	440～460	420～440
	每齿进量(mm/齿)	0.06～0.07	0.07～0.08	0.08～0.09	0.09～0.10

(资料来源：http://wenku.baidu.com/link?url=gWJzuoLSAkvq4eKXexGZWs_FwLau2v3zmT7AqEuPTOm-KpY49ejSoubnzG9fHki2f45A8XSJo_Fu4vgqA51m1Lp0bciyutm9wQqzl9XR9jya)

表 9-3 工序(镗孔)切削用量选取表

材料	切削用量	工序					
		粗镗		半精镗		精镗	
		高速钢	硬质合金	高速钢	硬质合金	高速钢	硬质合金
钢	V_c/(m/min)	15～35	50～80	20～55	95～135	95～110	95～140
	F/(mm/r)	0.35～0.7	0.35～0.7	0.15～0.4	0.15～0.4	0.1～0.2	0.1～0.2
铸铁	V_c/(m/min)	20～35	35～50	25～40	50～70	70～85	70～95
	F/(mm/r)	0.4～1.2	0.4～1.2	0.15～0.5	0.15～0.5	0.08～0.15	0.08～0.15
铜、铝	V_c/(m/min)	100～150	100～250	100～200	120～230	200～350	230～450
	F/(mm/r)	0.5～1.5	0.5～1.5	0.2～0.5	0.2～0.5	0.05～0.1	0.05～0.1

(资料来源：http://wenku.baidu.com/link?url=gWJzuoLSAkvq4eKXexGZWs_FwLau2v3zmT7AqEuPTOm-KpY49ejSoubnzG9fHki2f45A8XSJo_Fu4vgqA51m1Lp0bciyutm9wQqzl9XR9jya)

9.2.2 刀具与夹具

1. 刀具的类型和材料

刀具材料一般是指刀具工作部分的材料。在保证刀具使用寿命最大的前提下，刀具的类型和材料是影响加工效率的主要因素。一般情况下，刀具选用主要考虑的因素参见表9-4。

表 9-4 数控加工刀具分类及选用要素一览表

分类	类别	分类	类别	耐热温度(℃)	硬 度
按结构分类	整体式	按材料分类	高速钢	550～600	HRC60～66，HRA81.5～84.5
	镶嵌式		硬质合金	800～1 000	HRA89～94
	减振式		陶瓷材料	900～1 200	HRA94
	内冷式		立方氮化硼	1 400～1500	HV8 000～9 000
	特殊形式		金刚石	700～800	HV10 000
按切削工艺分类	车削刀具	选用要素	①被加工工件材料及性能		
	钻削刀具		②切削工艺类别		
	镗削刀具		③被加工工件的几何形状、零件精度、加工余量等		
	铣削刀具		④刀具能承受的背吃刀量、进给速度、切削速度等		

2. 夹具的类型

夹具就是在切削加工中,用以正确迅速地安装工件的工艺装置。

夹具自动化程度的高低不同,决定了夹具的选用方式,夹具的选用方式也影响加工效率和时间消耗。夹具选用主要考虑的因素参见表 9-5。

表 9-5　数控加工夹具选用要素一览表

夹具类别	夹具类型	选择要素
通用夹具	是指已经标准化、无须调整或稍加调整就可用于装夹不同工件的卡具。如三爪自定心夹具和四爪单动卡盘等	①根据生产批量选择。单件小批生产,应尽量选用通用夹具。通用夹具满足不了要求,考虑使用组合夹具、可调试夹具,以缩短生产准备时间、节省生产费用 ②安装、定位、转位等精度 ③装夹自动化程度 ④坐标转换计算繁简程度 ⑤有无对刀点
组合夹具	是指按一定的工艺要求,由一套预先制造好的通用标准元件和部件组合而成的夹具。如槽系组合夹具、孔系组合夹具等	
专用夹具	为某一工件的一定工序而设计制造的夹具,类型较多	
可调整夹具	可调整夹具是指加工完一种工件后,通过调整或更换个别元件就可以加工形状相似、尺寸相近的工件	
成组夹具	是按成组技术原理,在零件分组的基础上,针对一组(或几组)相似零件的一道(或几道)工序而设计的夹具。一般由基础部分和可调整部分组成	

9.2.3　加工工艺

1. 加工表面质量

加工表面质量是指零件加工后表面层的状态。例如,加工表面粗糙度、波度、已加工表面的加工硬化及残余应力等。同样的生产技术组织条件下,表面质量与加工时间成正相关关系。对数控加工时间的影响方面,表面质量是质因素。

2. 加工余量

加工余量是指为改变工件的尺寸和形状而切去的金属层厚度。余量包括总加工余量和工序余量。

工序余量是某一表面在某一工序所切去的材料层厚度,是相邻两工序的工序尺寸之差。由于工序尺寸有公差,实际切除的余量是一个变值,因此,工序余量除有工序公称余量(又称工序理论余量或工序基本余量)外,又有最大工序余量和最小工序余量,其计算公式分别如下:

最大余量:被包容尺寸:$Z_{max} = a_{max} - b_{min}$

$$包容尺寸:Z_{max}=b_{max}-a_{min}$$

最小余量:被包容尺寸: $Z_{min}=a_{min}-b_{max}$

$$包容尺寸:Z_{min}=b_{min}-a_{max}$$

式中: Z_{max} ——最大工序加工余量

Z_{min} ——最小工序加工余量

a ——上工序基本尺寸

b ——本工序基本尺寸

如图 9-1 所示。

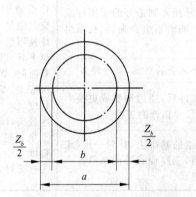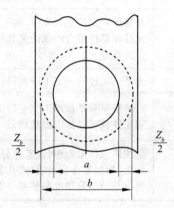

图 9-1 工序余量

加工总余量是零件从毛坯变为成品所切除的材料层厚度,是毛坯尺寸与零件图的设计尺寸之差,它等于各工序余量之和。

在同样的生产技术组织条件下,加工余量与加工时间成正相关关系。对数控加工时间的影响方面,加工余量是量因素。

3. 加工倍率

加工倍率是使操作者在加工期间能够修改速度的编程值(进给率、主轴转速等)的手工控制功能。加工倍率相当于改变了加工速度,直接影响数控加工时间。对数控加工时间的影响方面,加工倍率是质因素。

4. 加工精度与加工误差

加工精度是指零件加工后的几何参数(尺寸、几何形状、表面相互位置)的实际值和理想值的符合程度。例如,形状精度、尺寸精度、位置精度。零件加工后的几何参数的实际值和理想值的不符合程度称为加工误差。与普通机床相比,数控机床具有加工精度高的优势,但就加工精度本身而言,在同样的生产技术组织条件下,其加工精度的高低与加工时间消耗成正比。对数控加工时间的影响方面,加工精度与加工误差是质因素。

5. 刀补、插补

刀具补偿是补偿实际加工时所用的刀具与编程时使用的理想刀具或对刀时使用的基准刀具之间的偏差值,保证加工零件符合图纸要求的一种处理方法。

插补就是数据密化过程,即根据零件轮廓的几何形状、尺寸以及轮廓加工的精度要求和工艺要求,在零件轮廓的起点和终点之间插入一系列中间点的过程。其对应的算法成为插补算法。

刀补和插补运动构成数控加工的主要内容和特征,数控加工过程中的刀补和插补运动是影响切削效率的主要因素。

刀补、插补运动对数控加工时间消耗影响与零部件的复杂程度和精度高低成正比,与刀补、插补精度高低成正比。以插补为例,插补周期越短,插补的精度越高,加工效率就越低,所用的时间就越长;反之,进给速度越快,插补精度越低,加工效率就越高,所用的时间就越短。因为,刀补和插补对数控加工时间的影响基本与零件的复杂程度和精度高低成正比,所以,可以将其影响并入零件的复杂程度和精度。对数控加工时间的影响方面,刀补和插补是质因素。

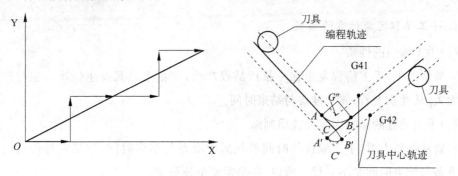

图 9-2 图示刀补和插补

6. 加工方式方法

根据零件的几何构成,可以将零部件的数控加工分为三种:

(1)平面类零件加工。

(2)变斜角类零件加工。

(3)复杂曲面类零件加工。

每一种类型零件的加工都有相似的内容,例如:平面、曲面、槽、孔、型腔、轮廓、内外螺纹加工等。不同的加工内容和加工方式,需选用不同的切削用量,因此,加工内容和加工方式是决定其加工时间消耗的重要因素。对数控加工时间的影响方面,加工方式方法也是质因素。

9.3 制定数控定额标准的基本原理

所有定额标准的制定，其本质都是寻找时间消耗的影响因素与时间消耗之间的影响变化规律。对数控定额标准的制定同样如此。因此，制定数控定额标准首先就是要寻找影响其时间消耗的因素。

根据第一节中的数控机床加工步骤，按照第八章中制定定额标准的分析步骤一一进行分析。

9.3.1 编程定额标准的编制

1. 手工编程定额标准的编制

(1) 手工编程的性质

一般情况下，手工编程发生在一批产品投产前，一批产品只发生一次。它与产品的批量无关，从性质上看，属于准备与结束时间。

(2) 手工编程的影响因素及性质判断

尽管从性质上看，手工编程的时间消耗属于准备与结束时间，但是它与普通机床加工的准备与结束时间又不一样。所以，还是需要单独分析。

① 零件分析、工艺设计、数值计算。零件分析、工艺设计和数值计算是一种脑力劳动。其时间消耗主要取决于零件的复杂程度和劳动者本人的知识和技能水平。

在制定劳动定额时，时间消耗的主要影响因素是零件的复杂程度。可以对零件按照复杂程度分级，分别测定时间消耗。例如，可以分为简单、中等、复杂三级。此因素是质因素和定量作业要素。

② 编写程序。在完成相关分析之后，编写程序的时间消耗主要集中于两个方面：一是程序的逻辑思维过程；二是通过键盘写入程序。前一部分与零件的复杂程度相关；后一部分与键入的键次和速度相关。

编写程序时间消耗的主要影响因素是编写程序的逻辑思维过程、键盘写入程序。逻辑思维过程与零件的复杂程度、程序结构（如程序的组成、程序段格式、程序段数等）、程序种类（如子程序、刀补及换刀程序、固定循环程序、普通程序等）等相关，其中除程序的段数外都是质因素,程序段数是量因素。键盘写入程序的时间消耗与键次相关,是变量作业要素,键次数是量因素。程序段数是时间消耗的量因素,编程是变量作业要素。

③制备控制介质。主要影响因素是介质的种类。不同的介质种类需要采用不同的操作方法。制备控制介质是定量作业要素,介质种类是质因素。

④程序校验与首件试切。程序校验的时间相对稳定,但是首件试切的时间消耗与加工余量正相关。程序校验是质因素和定量作业要素,首件试切的时间消耗与加工余量相关,首件试切是变量作业要素,加工余量是量因素。

(3)手工编程定额标准的编制

对于定量部分可以合并在一起,按照工件复杂程度进行分类,应用测时法或写实法获取一定量的实测数据之后,再用求平均数的方法获得。

变量部分只有两项:一是程序键入;二是首件试切。

①程序键入定额标准的编制

键入次数或者程序段数是程序键入时间消耗的量因素,即键入次数、程序段数与时间消耗之间的关系是函数关系。两者是重叠的,只要其中之一即可。

【例 9-1】 为了寻找 FNC86—A 型立式加工中心机床控制面板功能操作的键次与时间消耗的规律,对该设备的键次操作进行了测时,相关数据见表 9-6 所示。试求键次操作与其时间消耗之间的数学模型。

表 9-6　FNC86—A 型立式加工中心机床控制面板功能键次操作时间表

控制面板键次操作	机床回原点	键盘输入程序	显示输入工作坐标	程序头查找	警告阅读	当前位置显示	刀具偏置显示输入	ATC控制面	MDI手动输入模式	程序编辑
键次	4	6	7	8	9	10	11	12	15	18
T(min)	2	2.8	3.2	3.5	4	4.8	5.2	5.8	7	8

解:

　　a. 将上表的数据复制到 Excel 表格中,绘制散点图,如图 9-3 所示。

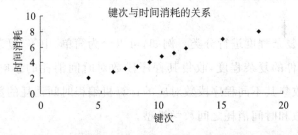

图 9-3　立式加工中心机床控制面板功能操作的键次
与时间消耗的散点图

b. 添加趋势线，R^2 最大的即为拟合得最好的数学模型。

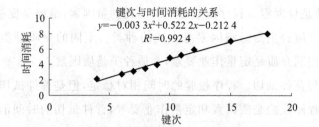

图 9-4　键次与时间消耗关系的数学模型

② 首件试切定额标准的编制

首件试切的影响因素较多，包括工人的熟练程度、设备、工装、加工余量等，其中主要因素是加工余量，并且加工余量是首件试切时间消耗的量因素。因此，首件试切定额标准的编制方法就与切削余量与时间消耗的定额标准的编制相同，相关案例参阅例 8-3。

2. 计算机编程定额标准的编制

(1) 计算机编程的性质

同手工编程一样，计算机编程也是发生在一批产品投产前，一批产品只发生一次。它与产品的批量无关，从性质上看，属于准备与结束时间。

(2) 计算机编程的影响因素及性质判断

计算机编程无论是用 CAD/CAM 系统编程还是 APT 系统编程，其时间消耗的主要影响因素都是加工零件的复杂程度，从表面上看，此因素是质因素。因此可以对零件按照复杂程度分级，分别测定时间消耗。例如，可以分为简单、中等、复杂三级。但是，深入分析会发现：一般情况下，零件的复杂程度与加工零件的程序段数正相关，所以，也可以用程序段数代替零件的复杂程度，而程序段数是时间消耗的量因素。

(3) 计算机编程定额标准的编制

零件复杂程度是影响计算机编程时间消耗的质因素，程序段数是影响计算机编程时间消耗的量因素，这两项都是主要因素。计算机编程定额标准的编制可以采用下列步骤进行处理：

① 按照工件的复杂程度进行分类。例如，可以分为简单、中等、复杂。

② 分别按照工件的复杂程度，收集其程序段数对时间消耗的影响。例如，可以按照简单、中等、复杂，收集其不同程序段数对应的计算机编程时间消耗的数据，参照例 9-1 的方法，建立程序段数和时间消耗之间数学模型。

9.3.2　自动加工零件定额标准的编制

(1) 自动加工零件的性质

自动加工零件的过程其实就是改变零件的尺寸、性质、组合、外表等部分的过程。每加工一个零件,就需要一次时间消耗。所以,从性质上看,属于基本作业时间。

(2) 自动加工零件的影响因素及性质判断

影响自动加工零件时间的消耗因素较多,包括:切削量(体积或重量)、焊缝容积、加工精度、表面质量、工件材料、加工方法、使用刀具、切削用量、加工倍率、刀补和插补等。其中,切削量、焊缝容积是量因素,其他因素是质因素。

数控加工都是由机床自动连续作业而完成加工任务的,也就是说它是通过数控系统中插补装置或插补软件来控制,按照一个确定加工任务的一系列指令来完成加工任务的。因而其他因素对数控加工时间影响较小,相对稳定不变,所以,影响时间消耗的主要因素就是切削量(或称去除量)或焊接容量(或称焊缝容积)的大小。

(3) 自动加工零件定额标准的编制

对于加工精度、表面质量、工件材料、加工方法、使用刀具、切削用量、加工倍率、刀补和插补等是质因素,一般可以将其作为零件加工的生产组织条件处理,即将其作为条件固化下来,成为使用该项定额标准的条件。对于切削量、焊缝容积等量因素,可以通过收集切削余量、焊缝容积等量因素对应的时间消耗值,并采用回归分析等方法探索影响因素与时间消耗之间的函数关系式。

收集切削余量、焊缝容积等量因素对应的时间消耗值的方法:

一是运用秒表测时法、工作日写实法等方法进行现场实测收集相关数据;

二是通过计算机模拟运行程序数据获得。值得注意的是,通过计算机模拟运行获得的时间值与实际时间值之间依然存在一定差异,所以,也需要修正。

【例 9-2】 针对使用数控卧式加工中心铣削平面的工序,收集了刀具种类、刀具材质、工件材质、时间消耗等相关数据,见下表。试寻找主要影响因素与铣削工时消耗之间的数学模型。

表 9-7 铣削数据与铣削时间统计表

技术条件	刀具:$\phi50$ 高速钢圆柱玉米铣刀;铣削宽度:$B=60mm$;铣削厚度:$H=3mm$;工件材质:45#钢								
铣削体积	9.2	17.8	27.5	36.9	46.1	55	64.6	71.8	79	93
铣削时间(min)	3.1	5.2	7.1	8.8	10.6	11.9	14	15.3	17.5	19.8

解:首先,寻找铣削时间的主要因素及其性质。

在本例中,影响铣削时间的因素包括:设备、刀具种类、刀具材料、工件材料、铣削体积等。其中设备、刀具种类、刀具材料、工件材料是质因素。铣削体积是时间消耗的主要因素,是量因素。对质因素可以将其确定为条件固化下来。而量因素则需要分析确定其数学模型。

其次,用回归分析确定铣削体积与时间消耗时间的数学模型,如图 9-5 所示。

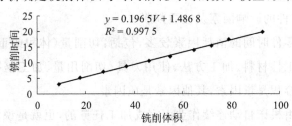

图 9-5　铣削体积与时间消耗关系的数学模型

即,铣削体积与时间消耗时间的定额标准的基本型是:$T=0.1965V+1.4868$

9.3.3　其他数控操作定额标准的编制

其他数控操作包括:工件定位、装夹与找正、安装刀具、对刀、开机、回参考点、输入、调用、编辑加工程序、程序的检查与调试、关机、卸零件等。

(1)其他数控操作的性质

工件定位、装夹与找正、开机、回参考点、关机、卸零件等操作是每加工一个产品都会出现一次的,属于辅助作业时间。

对刀操作的性质。安装刀具、换产品以及停电以后都要求重新对刀,也就是每个工作轮班前都会发生的,因此可以将其视为作业宽放时间中的组织性宽放时间。

开机、回参考点。数控机床每次开机之后都需要手动回参考点。即每个工作轮班前都会发生,所以可以视为作业宽放时间中的组织性宽放时间。

输入、调用、编辑加工程序、程序的检查与调试。这部分操作是一批产品只发生一次,与产品的批量大小、任务量多少无关,所以是准备与结束时间。

(2)其他数控操作的影响因素及性质判断

①工件定位、装夹与找正、开机、回参考点、关机、卸零件等是定量作业要素。

②对刀、开机、回参考点是定量作业要素。

③输入、调用、编辑加工程序、程序的检查与调试是定量作业要素。

(3)其他数控操作定额标准的编制

尽管其他数控操作属于不同的定额时间分类,但是因为都是定量作业要素,所以制定其定额标准的方法基本一致,都可以应用测时法或写实法获取一定量的实测数据之后,再用求平均数的方法获得。

9.4 数控加工定额标准

9.4.1 数控定额标准的基本型

在第二节中,介绍了影响数控加工时间的要素。这些要素都会对数控加工时间产生不同程度的影响,正因为如此,在编制数控定额标准时,需要明确这些条件,也就是对其生产技术组织条件进行固化。在此基础上制定的定额标准就是数控定额标准的基本型。

1. 数控加工生产技术组织条件的典型化

数控加工生产技术组织条件的典型化与普通机床的生产技术组织条件典型化的方法基本相同。主要从劳动工具典型化、劳动对象的典型化、对技术要求典型化、组织管理条件典型化四个方面进行。需要注意的是数控加工与普通机床加工的不同之处,在进行典型化时不能遗漏。例如:

(1)劳动工具方面

加工中心具有自动换刀功能。换刀形式包括无机械手换刀,机械手换刀。无机械手换刀:用过的刀送回刀库,从刀库中取新刀具,因这两个动作不能同时进行,换刀时间长;机械手换刀:机械手换刀比较灵活,可以减少换刀时间。

自动换刀就有刀库。刀库有不同种类,如圆盘式、斗笠式、链式、格子式等。刀库不同,时间消耗也不同。

(2)劳动对象方面

数控加工允许的零件的复杂程度要远高于普通机床,在加工复杂零件时,其工时消耗远低于普通机床。

(3)技术要求方面

数控加工的方式方法与普通机床有区别。数控加工按其零部件几何形状的不同可分为:平面加工、变斜角加工和曲面加工三种形式。三种加工形式的时间消耗都各有不同特征。在切削用量一定的情况下,平面加工的刀具运动呈匀速运动状态,而变斜角加工和曲面加工的切削用量是变化的,刀具运动呈变速运动状态,不同的运动状态对其时间消耗影响也不同。

另外,数控加工还存在加工倍率、刀补和插补等问题。这些因素也会影响数控加工的工时消耗。

(4)组织管理条件方面

数控加工刀具需要两次安装。第一次需要将刀具安装到刀柄上;第二次需要将其安装到设备上或刀库上。这与普通机床的时间消耗不一样。

刀具配备对时间消耗也有影响。如果每一台设备的刀具配备齐全,则在刀库中的刀具就多,从而可以减少来回装卸刀具的时间消耗。刀具配备数量少,意味着不同的数控机床要共用刀具,就需要从刀库中重复装卸刀具。这些都将影响数控加工的工时消耗。

2. 编制定额标准的基本型

在对生产技术组织条件典型化之后,就可以根据预先确定的详略程度、表现形式编制影响因素与时间消耗之间的定额标准。

【例9-3】 对数控加工中心钻多孔工序的时间消耗情况进行了收集,相关数据如下。试确定其定额标准的基本型。

表9-8 数控加工中心钻多孔工序钻削时间统计表

测时对象										
零部件		材质	数量	工序名称	使用设备		操作者	测时地点	测时时间	
图号	名称	45#钢		钻多孔	立加中心					
工艺技术参数										
程序 (段、行数)	刀具品种 数量	切削用量			精度			倍率		
		切削深度 t	切削速度	进给速度 f	加工精度		表面质量	主轴	进给	
	钻头									
程序作业工时消耗数据采集										
工步名称	使用刀具	程序段号	加工倍率	加工尺寸		切削余量		工时消耗(min)		
				孔径 φ	孔长 L	吃刀深度 t	重量	体积	测时次数	开始时间	结束时间	平均工时消耗
钻孔	麻花钻头	G1		10	50			3 925	2	9:00	9:05	2.4
		G2		12	50			5 652	2	9:06	9:12	2.6
		G3		14	50			7 693	2	9:13	9:20	2.8
		G4		16	50			10 048	2	9:21	9:27	3
		G5		20	50			15 700	2	9:28	9:36	3.6
		G6		25	50			24 531	2	9:37	9:45	3.8
		G7		30	50			35 325	2	9:46	9:55	4.2
		G8		35	50			48 081	2	9:50	10:05	4.5

解:

第一步,根据上表生产技术组织条件进行典型化,也就是在分清质因素和量因素之后对质因素部分作为条件固化下来。在本例中,除了加工尺寸和切削余量外,其他因素对工时消耗的影响都是质因素。

第二步,编制立加中心钻多孔工序的定额标准的基本型。

分析: 孔径、孔长、切削余量对钻孔基本作业的时间消耗都有影响,且是量因素。但是孔径和孔长所组成的是一个圆柱体,圆柱体可以计算出其体积,这个体积也就是切削余量。所以,可以用切削余量代替孔径和孔长,从而只需编制切削余量与工时消耗的数学模型即可,方法同前。

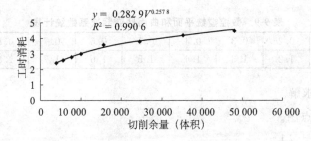

图 9-6 立加中心钻多孔工序的定额标准的基本型

即,立加中心钻多孔工序的定额标准的基本型是: $T = 0.2829V^{0.2578}$

9.4.2 数控定额标准的实用型

(1) 基本型与实用型的转换

如前所述,实用型与基本型的区别源于生产技术组织条件不同,对此采取的方法是用修正系数进行修正。因此,实用型的关键在于制定各项修正系数。

余量加工及其时间消耗规律的时间定额数学模型的基本型是 $T = f(Y_v) + C$,那么实用型则为:

$$T = f(Y_v)K + C \tag{9-1}$$

式中: T——工时消耗

Y_v——加工余量

K——修正系数

C——时间常量

(2) 数控加工修正系数的种类

数控加工常用的修正系数包括:与数控加工程序有关的系数、与装卸有关的系数、与加工倍率和切削用量有关的系数、与加工质量有关的系数、加工余量和加工方法系数、与材质有关的系数、与工况条件有关的系数等,其中包括速变频次系数。

速变频次是指在数控加工过程中由于刀补周期和插补周期的不同,刀具沿不同轨迹和不同速度运动所形成的匀速运动频次(V_{yp})与变速运动频次(V_{bp})的比数,或者是匀速运动时间(V_{ys})与变速运动时间(V_{bs})的比数。速变频次系数用K_v表示,在一些数控加工中,有时需要考虑速变频次系数。

(3)实例

【例9-4】 在例题9-2里,确定了铣削体积与工时消耗之间定额标准的基本型$T=0.196\,5V+1.486\,8$,现考虑速变频次系数的影响,收集了相关数据,如表9-9所示。试确定其实用型。

表9-9 数控镗铣平面和曲面速变频次系数统计表

V_{bp}/V_{yp}	0.1	0.2	0.3	0.4	0.5	0.6	0.7	0.8	0.9	1
K_v	1	1.2	1.3	1.4	1.5	1.6	1.7	1.8	1.9	2

解:用Excel求解。

第一步,画散点图。

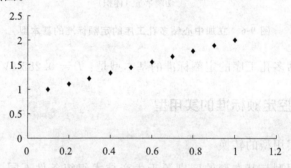

图9-7 数控镗铣平面和曲面速变频次系数散点图

第二步,求数学模型。

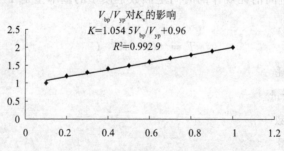

图9-8 变速运动频次(V_{bp})与匀速运动频次(V_{yp})对速变频次系数(K_v)的影响

第三步,求数控劳动定额标准数学模型的实用型:在基本型基础上加上系数K。

代入上例中的 $T=0.196\ 5V+1.486\ 8 \rightarrow T=0.196\ 5V(1.054\ 5V_{bp}/V_{yp}+0.96)+1.486\ 8$

9.4.3　数控加工修正系数

修正系数就是用来修正因为生产技术组织条件的变化而导致的对工时消耗产生的影响。其制定方法通常就是用实际的生产技术组织条件下的工时消耗与标准生产技术组织条件的工时消耗的比值来计算。因为要获取实际的生产技术组织条件下的工时消耗，所以也需要使用写实、测时等方法进行测定。

1. 与数控加工程序有关的系数

与数控加工程序有关的系数包括程序复杂程度系数、程序操作系数等。

(1) 程序复杂程度系数

程序复杂程度系数是指因数控加工程序的繁简程度与标准不一致，导致的对加工时间消耗影响程度的比率数值。

影响程序复杂程度系数的因素包括：

①编程方法（如手工编程、计算机编程等）；

②机床坐标（如机床坐标系、Z坐标运动、X坐标运动、Y坐标运动等）；

③程序结构（如程序的组成、程序段格式、程序段数等）；

④程序种类（如子程序、刀补及换刀程序、固定循环程序、普通程序等）。

(2) 程序操作系数

程序操作系数是指因实际执行数控加工程序各项操作的难易程度与标准不一致而导致的对加工时间消耗影响程度的比率数值。

影响程序操作系数的因素包括：

①菜单与控制面板操作；

②功能键选择操作；

③机床回原点操作；

④当前位置操作；

⑤键盘输入程序操作；

⑥程序头查找操作；

⑦刀具偏置与显示输入操作；

⑧ATC（刀库）控制面操作等。

2. 与装卸有关的系数

不同的夹具以及不同的装夹方法（如手动装夹、机动装夹）、找正种类会对装卸的时间消耗产生影响。所以需要制定装卸修正系数，如表 9-10 所示。

表 9-10 拉床装卸系数表

装卸复杂程度		Ⅰ	Ⅱ	Ⅲ	Ⅳ
系数	手装	1	1.2	1.6	3
	机装	1	1.1	1.2	1.7

注①：Ⅰ无位置要求；
注②：Ⅱ有位置要求，需目测调整位置，工装简单，装卸时只需将工件直接套入工装内孔；
注③：Ⅲ有位置要求，需用辅助测量工具调整位置，工装装卸是将工件套入工装内孔后还需用螺丝将工件压紧；
注④：Ⅳ有位置要求，需用辅助测量工具反复调整位置，工装装卸是将工件套入工装内孔后还需用螺丝将工件压紧。

3. 与加工倍率和切削用量有关的系数

(1) 速率频变系数

速率频变系数是指加工时由于实际主轴速率和进给速率与标准速率不一致导致的对时间定额的影响程度的比率数值。

影响速率频变系数的因素包括：

主轴数率；进给数率；刀具匀速运动与变速运动的变频比数；刀具的匀速运动时间与变速运动时间的比数等。

(2) 切削用量调节系数

切削用量调节系数是指因实际加工中所选用不同的切削用量对加工时间消耗影响程度的比率数值。

影响切削用量调节系数的因素包括：

主轴转数，进给速度，切削深度，进给量等。

4. 加工质量系数

加工质量系数是因为加工质量要求与标准不一致，而导致的对加工时间消耗的影响程度的比率数值。

加工质量系数包括加工精度系数和表面质量系数。

影响加工精度系数的因素包括：形状精度、尺寸精度、位置精度等。

影响表面质量系数的因素包括：加工表面粗糙度、波度、已加工表面的加工硬化及残余应力等。

5. 加工余量和加工方法系数

(1) 加工余量系数

加工余量系数是指因为实际加工余量与标准加工余量不一致而导致的对加工时间消耗的影响程度的比率数值。

因为工序尺寸有公差的原因，实际切除的加工余量往往是一个变值，所以工序加工余量又可分为基本余量(公称余量)、最大加工余量和最小加工余量等。在计算加工余量系数时,一般以基本余量为基准来进行计算。对超出和少于基本加工余量(公称余量)部分的加工时间消耗,采用余量系数的方法对加工时间进行修正。

$$加工余量调整系数 = \frac{实际加工余量}{基本加工余量} \tag{9-2}$$

(2)加工方法系数

加工方法系数是指由于数控加工的内容和方法与标准不一致,导致对加工时间消耗的影响程度的比率数值。

因为零件形状、复杂程度、加工精度等不同,数控加工的内容和方法也会不同。在其他条件一致的情况下,对同一零件采取不同的加工方法其加工效率和所消耗的时间是不同的。用以反映同一种类加工中采用不同加工方法所影响的不同加工效率和所消耗时间的高低程度的比率数值称为加工方法系数。

影响加工方法系数的主要因素有:①加工内容;②加工方法;③设备型号;④装夹方式;⑤刀具种类;⑥工装、工具等。

6. 与材质有关的系数

(1)工件材料系数(K_1)

因工件材料与标准材料不一致,对数控加工效率及其时间消耗影响程度所表现的比率数值就是工件材料系数。

工件材料的主要类别有:普通碳钢、合金结构钢、铸钢、铸铁、铜、铝、塑料、木质材料等。

(2)刀具材料系数(K_2)

因刀具材质及其型号规格以及安装方式与标准不一致,对数控加工效率及其时间消耗影响程度所表现的比率数值就是刀具材料系数。

影响刀具材料系数的因素主要有:

①刀具材质。如高速钢、硬质合金、陶瓷、立体氮化硼、金刚石等。

②刀具类型及规格。如整体式、镶嵌式、减振式、内冷式;车削刀具、钻削刀具、镗削刀具、铣削刀具等。

③刀库及其安装等。

7. 与工况条件有关的系数

(1)工况系数(K_0)

工况系数中的工况包括设备、工装、现场工作环境等。因此,工况系数是指因使用设备、工装、现场工作环境等生产技术组织条件与标准不一致,导致对数控加工效率及其时间消耗的影响程度的比率数值。

工况系数的主要因素有:设备类型、工装夹具、劳动组织和操作者技能等。

(2)批量系数(K_p)

因产品批量与制定定额标准时的标准产量不一致导致的对数控加工效率及其时间消耗的影响程度的比率数值。

9.5 思考题

1. 数控加工有哪些种类?
2. 请简述数控加工的特点。
3. 请简述数控加工的步骤。
4. 请判断下列影响数控加工时间的因素中,哪些是质因素?哪些是量因素?
(1)切削用量;(2)加工余量;(3)加工方法;(4)表面质量;(5)刀具材质;(6)工件复杂程度。
5. 请简述数控加工与普通机床加工的区别。

第 10 章
劳动定员与劳动力平衡

通过本章的学习,要求掌握以下知识点:
- 工作分析方法
- 工作分析在劳动定员的应用
- 劳动定员的定义、范围与原则
- 各类人员劳动定员的编制方法
- 劳动力平衡的方法

第 10 章
劳动定员与劳动力平衡

• 劳动定员与定额在企业中的作用
• 工时利用率
• 工时定额的制定方法
• 劳动定员的意义、范围和方法
• 企业人员需要量的预测方法
• 劳动力的平衡方法

案例 10-1　米粉店需要多少人？

老李接手了一个在大学校门对面的门面，他想开一家米粉店。门面已经装修好了，也找到了一位会做米粉的师傅，张罗着最近开业。但是，他不知道他那个70平方米、有58个座位的米粉店需要多少个店员。根据师傅的介绍，他了解了顾客吃米粉涉及的基本流程：

顾客买票→顾客到窗口交票→店员取米粉焯水→店员给焯过水的米粉配卤汁和配菜→顾客自己配香菜、葱花、辣椒、酸菜等→顾客找座位坐下用餐→用餐后清理桌面、地面。

他自己盘算了一下，自己可以兼任负责卖票的收银员——别人做他也不放心。另外，因为主要是做大学生的生意，大学生吃饭时间都比较集中，速度要快。所以分工需要细一些，需要米粉焯水工（将米粉在开水里面焯水）一名，配菜工（给米粉配卤汁、配菜的人）一名。另外，还需要一个人收拾桌子。他心里没底，又专门到其他米粉店去偷偷看了看，觉得可行，就开始招工了。

在现实生活中，小到一个米粉店，大到一个集团公司，都需要考虑劳动定员问题。在确定人员的时候，既要了解工作流程，也要掌握岗位职责。这些都源于工作分析。

10.1 工作分析

10.1.1 工作分析的基本概念

工作分析，又称工作岗位分析、工作职务分析、职位分析。《劳动定员定额术语》（GB/T14002—2008）将其定义为：

工作岗位分析是对企业各类岗位的性质、任务、职责、劳动条件和环境，以及职工承担本岗位任务应具备的资格条件所进行的系统分析和研究，并制定出岗位规范、工作说明书等人事文件的过程。

在工作分析中，常用的几个概念有：

任务——为达到一定的工作目标而进行的一项工作活动。

责任——根据劳动分工与协作的要求,规定员工在本岗位范围内对人、对事、对物所应承担的各种义务。即要求员工尽职尽责、保质保量按时地完成本职工作。

权限——是依照有关规章制度,为保证员工完成本岗位的工作任务,对其岗位职责内所应具有的权利范围和内容所作的界定。

职务——是职位规定应承担的工作。通常以简洁的专业名词对工作岗位的性质和特征进行概括。例如,人事总监、销售经理、仓库保管员等。

职位——在特定的组织中,在一定的时间空间范围内,由员工所要完成的任务以及与之对应的责任、权限和职务组成的统一体。职位是劳动定员的单位,它是组织中执行一定职务的位置。例如,一个高校在定员时确定15个会计职位,50个实验员职位。

职业——个人在社会中所从事的作为主要生活来源的工作。人们常常将具有共同特点的一组职务称为职业,如律师、教师、公务员、会计、审计等。

10.1.2 工作分析的方法

1. 观察分析法

观察分析法也称观察法,是工作岗位分析人员直接到工作现场,针对某些特定对象(一个或多个任职者)的作业活动进行观察、收集、记录有关的工作的内容、工作间的相互关系、人与工作的关系,以及工作环境、条件等信息,并用文字或图表形式记录下来,然后进行分析、归纳和总结。

观察分析法强调通过现场观察、汇总、分析、研究,获取被调查对象的工作任务、程序、方法、权限、性质、环境及其对应的时间消耗等有效工作信息的方法。如表10-1所示。

表10-1 现场观察表示例

序号	工作任务	工作操作程序与方法	权限	结果	时间消耗	备注
1	起草公文	领会领导意图→撰写→修改	需审核	1份	2h	
2	开介绍信	领导签字→开介绍信→登记	执行	1份	10min	
……	……	……	……	……	……	

(资料来源:袁家海,赵长红,熊敏鹏.工作分析与劳动定额[M].北京:机械工业出版社,2011)

2. 主管人员分析法

主管人员分析法就是由主管人员通过日常的管理权利来记录与分析所管辖人员的工作任务、责任与要求等因素,从而获取岗位工作信息的方法。

在工作中,对被调查者而言,主管人员是最全面掌握其工作信息的人。所以,由主管人员进行调查效率高、分析透彻,但同时也可能因为工作经验、视角问题存在一些局限。

主管人员分析法通常使用《主管人员工作调查分析表》、《主管人员职位工作分析表》等,如表10-2所示。

表 10-2 主管人员职位工作分析表

一、职位名称：			
部门	工作地点	任职者姓名	主管人姓名
二、基本职责：			
三、能够用于确定本职工作范围的各种指示，包括定性的角度和定量的数据：			
四、简要说明下属的主要职能：			
五、列举主要职责活动与代表性的工作项目：			
六、如上述栏目无法说明，请在此列举几个典型的实例或任职所遇到的工作任务与情况			
七、说明本职位的权限和自主性：			

签字：   年   月   日

3．访谈法

访谈法，也称面谈法，是工作岗位分析人员就某类岗位的有关问题，面对面地询问任职者、主管、专家等人对该工作岗位的意见和看法。

访谈需要注意的几个要领：

① 选择的面谈对象尽量广泛一些；

② 尽量取得主管人员的支持与协助；

③ 尽快建立并保持融洽的访谈氛围；

④ 事先编写访谈提纲，列出需要调查的事项；

⑤ 以聆听为主，对重大问题尽量不发表个人观点。

4．书面调查法

书面调查法也称问卷调查法，是采用调查问卷来获取工作分析的信息，以达到工作岗位分析的目的和要求。

调查表（问卷）的内容如表 10-3 所示。

表 10-3 调查问卷的内容

项目	内容
职位基本信息	包括：任职者姓名、职位名称、所在部门、学历、工作经验、年龄、薪资水平等
职位目的	要求任职者使用一段简短的、概括性的语句来揭示职位在组织中存在的目的和作用
工作职责	按照工作任务的重要性程度排列，写出该职位的工作任务
绩效标准	各项工作职责需达到的绩效标准，包括工作结果的数量、时间、质量以及对组织的影响

续表

项目	内　　容
工作联系	在本部门内与其他职位、其他部门、上级以及组织外的联系对象、联系内容、联系频率以及重要性等,工作联系的范畴界定为稳定的、长期的工作联系与突发性的、偶尔的联系活动
组织架构	包括二级上级、直接上级、直接下级以及平级
工作特征	包括工作时间、出差比重、工作负荷等
任职资格	包括工作对任职者的学历、工作经验、知识结构、工作技能、能力与素质等方面的要求
所需培训	包括培训的目标、内容、时长、频率以及考核方式等
职业生涯	包括职位晋升通道等

(资料来源:袁家海,赵长红,熊敏鹏.工作分析与劳动定额[M].北京:机械工业出版社,2011)

10.1.3　工作分析的具体项目

在对所有收集到的岗位信息进行汇总、整理的基础上,需要经过系统、全面的分析,形成规范、合理的文本资料。其中分析的项目就包括岗位名称分析、岗位描述分析、岗位环境分析、任职资格分析四个方面。每一个方面又可以细分为几个要点,详见表10-4。

表10-4　工作分析的具体项目和要点

具体项目	分析要点
岗位名称	岗位名称简洁规范,对岗位工作能从名称上一目了然
雇员数量	详细记录雇用人数、性别、轮班方式、兼职与否等人员配置信息
岗位关系	如实描述岗位在组织中位置以及岗位的上下左右关系
岗位职责	包括岗位在人员、设备、工作程序、材料、产品与其他岗位的合作等方面的职责
岗位知识	岗位人员完成岗位职责应该具备的知识
智力要求	包括应该具备的智力要求,包括判断、决策、警觉、主动、积极、反应、适应等
身体要求	对岗位所需的旋转、站立、弯腰、半蹲、跪姿等较消耗体力的方式进行记录和说明
经验要求	包括岗位所需的经验类型、程度等
特殊要求	包括对手、指、腿、臂、眼、鼻、耳等的要求,对记忆、表达、计算等能力的要求
教育培训	包括岗位所需的一般教育与培训、职业训练、技术训练等
操作技能	岗位人员完成岗位职责应该具备的使用各种机械设备、工具等技能以及其精确度
岗位环境	包括温度、湿度、噪声、光度、振动、高度、粉尘、气味、室内外等岗位环境信息
岗位关系	与其他岗位之间的关系、升迁路径、可调职岗位等
岗位轮班	包括上班时间与时长、轮班方式等
选任方法	包括招聘范围、招聘途径、甄选方式等

10.1.4　工作分析的成果

在进行了工作分析之后,需要形成成果,有的企业将工作分析的成果分为两个:一是工作说明书;二是工作规范。有的企业合二为一,统称工作说明书。

工作说明书又称为工作描述或职务说明,是以书面形式对各类工作岗位的工作性质、内容、任务、责任、权限、方法、工作环境和工作条件,以及本岗位人员资格条件等所作的统一规定。

如果将工作说明书和工作规范分开的话,工作说明书则主要是以"事"为中心,说明岗位:干什么事、怎么干、用什么人干。工作规范则以"人"为中心。强调从事该岗位的资格条件、考核、职业发展等。工作说明书一般是以表格形式出现,但是在设计上,不同企业会略有区别,具体见表10-5和表10-6。

表10-5 工作说明书范例

工作说明书	岗位名称	招聘专员	职等	五职等	岗位编号	
	直线上级	人力资源部经理	直线下级		无	
工作使命	根据公司目标,在适当的时机为组织提供合格的员工,保证公司所需合格人员的供给,有利支持组织目标的实现					
内部联系	人力资源部各岗位人员		目的或作用	汇报工作、领会意图、沟通信息		
外部联系	人才市场、大中专院校、猎头公司、招聘媒介、业内企业		目的或作用	拓展公司招聘渠道、获取市场人才信息		
工作职责							
招聘实施	编写招聘制度化文件,报人力资源经理审核					
	编制年度、季度招聘预算,报人力资源经理审核					
	制订招聘计划,组织招聘实施					
	负责应聘材料收集及应聘人员首次选拔					
	组织各单位进行二次面试					
	负责组织建立各岗位招聘题库					
	招聘宣传计划及招聘宣传材料的设计和制作					
	负责校园招聘宣传演讲					
	建立后备人才库					
招聘渠道管理	在保证质量的前提下,开发更多的大中专院校					
	分析各大中专院校提供的员工整体素质表现,建立合作伙伴分级库					
	建立与劳务公司的临时性用工合作关系					
	拓展中层干部及核心骨干岗位的招聘渠道					
	保持与各招聘渠道的持续性沟通					
招聘结果评估	核算招聘成本					
	分析招聘周期					
协助配合	协助人力资源管理项目工作的开展					
	完成人力资源部经理交办的临时性工作					
任职资格							
学历与专业	本科,管理类专业	年龄	24岁以上	工龄	2年以上	
工作经历	2年以上大中型企业招聘工作经验,有招聘实施、招聘渠道拓展经验					
英语要求	一定的听、说、读、写能力		计算机要求	熟练使用常用办公软件		
关键绩效领域							

续表

招聘渠道		招聘宣传	
一线员工的招聘		招聘成本	
岗位招聘题库		后备人才库	
可以替换的岗位	人力资源相关岗位		

(资料来源:http://wenku.baidu.com/view/40f8a32a4b73f242336c5f82.html)

表10-6　客户关系专员职务说明书

岗位名称	客户关系专员		岗位编号	
所在部门	市场部		岗位定员	
直接上级	市场部经理		工资等级	六级
直接下级			薪酬类型	
所辖人员			岗位分析日期	2002年2月
本职:组织市场调研,市场部资料档案的收集、整理和归档,进行客户关系管理				
职责与工作任务:				
职责一	职责表述:协助市场部经理制定部门年度工作规划			
	工作任务	协助部门经理制定本部门年度工作规划		
职责二	职责表述:负责组织市场调研			
	工作任务	负责组织市场调研工作,并监督销售业务员执行,对调研数据进行真实性的检查		
		负责组织调研报告的分析工作,完成市场调查报告		
职责三	职责表述:负责市场相关资料和文件的收集、整理与存档工作			
	工作任务	进行客户日常的传真、电子邮件的信息管理		
		收集市场、竞争对手、经销商、用户的信息,建立市场信息系统以及完整的客户档案		
		收集、整理市场和销售部门的业务信息,包括各种报告和统计		
职责四	职责表述:负责客户关系管理			
	工作任务	负责对客户档案进行总结分析,进行客户分级、客户关系管理等工作		
		参与客户的信用评级工作		
职责五	职责表述:完成部门经理交办的其他工作任务			
权利:				
收集市场相关信息、资料、文件的权利				
客户信用评级的提议权				
工作协作关系:				
内部协调关系	销售部、技术开发部、供应管理部、财务部、行政部等			
外部协调关系	相关政府部门、客户、经销商、市场调查公司等			
任职资格:				
教育水平	大学专科以上			
专业	经济、管理、统计或其他相关专业			
培训经历	市场调研、统计知识			
工作经验	经验3年以上,2年以上市场调研公司工作经历			
知识	掌握营销和销售管理相关知识,了解机电和外贸行业、了解国际贸易法律知识			

续表

技能技巧	熟练使用自动化办公软件,具备基本的网络知识,具备熟练的英语应用能力
个人素质	具有一定的判断与决策能力、人际能力、沟通能力、计划与执行能力、客户服务能力
其他:	
使用工具/设备	计算机、一般办公设备(电话、传真机、打印机、Internet 网络)
工作环境	办公场所
工作时间特征	正常工作时间,偶尔需要加班
所需记录文档	通知、简报、汇报文件或报告、总结等
考核指标:	
资料整理规范性、调研报告的质量、重要任务完成情况	
考勤、服从安排、遵守制度	
判断与决策能力、人际能力、沟通能力、计划与执行能力、客户服务能力、专业知识及技能	
备注:	

(资料来源:http://wenku.baidu.com/link?url=YwGQLXScfsNN－_aioc3Yutea ZBl40qaSPMJzDqEyr2kknCamj9N7 SqDzM3Pm9tN7SceiBlEZ3hIVq2NNQHpth－HRIT8roEAO0vf7_tR0cpy)

10.2 劳动定员的原则

案例 10-2　质检部定岗定编方案

为实现部门业务流程的高效运作和部门职责的有效达成,提高效率,降低成本,根据业务流程、技术条件、员工素质等实际需要,从工作任务量、工作的难易程度、职责范围等几个方面对质检部所涉及的六个岗位进行了评定,确定了质检部定岗定编方案。

1. 零部件检验岗位不仅承担分厂加工零部件的检验,同时对外购、外协件进行检验,在整个质检环节起到的是把关和预防的职能,工作任务繁重,工作职责、业务流程清晰,所以编制人数和现有人数保持一致。

2. 成品检验岗位涉及公司主要产品的成品检验,工作任务饱满均衡;六氟化硫表、阀类产品由于订货量的增加,检验工作任务繁重,人员略显不足。传感器检验以前有两人,现为一人,同时兼外购零部件(电子元器件、接点组、接线盒)的检验。由于工作任务的不均衡,有时会影响工作任务的按时完成。

3. 统计员、计量员工作流程较为简单,但部门通过培训、焊锡疲劳、热处理等检验,定编人数保持不变。

4. 技术员由于职责的延伸,承担更多的工作任务。如质量体系和质量规章制度的建立,对产品质量变化情况和存在问题以及质量改进信息的分析反馈。但工作职责略有重叠,所以确定技术员超编1人。

针对成品检验因退休而使人员略显不足的情况,倡导部门对现有岗位实行轮岗、兼岗、并岗等团队化工作方式,打破岗位分工的具体界限,重新整合和规划各岗位工作流程、职责范围,并给予给部门保留退休人员岗位技能工资一年的政策,以帮助部门工作的按时完成。

(资料来源:http://www.docin.com/p-564184230.html)

在案例中,给出了一个企业的定岗定编方案,并给出了定岗定编的说明。企业用人问题是企业管理中不可回避的重要问题。在新闻中,经常看见定岗定编定员三者同时使用,简称三定。但是定岗定编定员各自是什么意思?三者之间到底有什么关系?这是企业定员定额管理者首先面对的问题。

10.2.1 劳动定员的意义与作用

1. 定岗定编定员的含义

定岗:字面含义是确定工作岗位。因为岗位泛指职位,所以定岗也就是确定工作职位数量。

定编:字面含义是确定编制。对组织而言,定编意味着既要确定组织机构的设置,也要确定各机构的人员数量的定额和职务的分配。

定员:即规定人数。定员是有一定适用条件的,这些条件包括:一是生产技术组织条件,一旦生产技术组织条件发生变更,定员也将受到影响;二是企业的产品及其规模,无论是产品还是规模发生变更,定员同样都会受到影响。

2. 劳动定员的意义与作用

(1)劳动定员有利于提高企业劳动效率。提高劳动效率是企业开展劳动定员的动力所在。合理确定劳动定员,就是用尽可能少的劳动力完成尽可能多的工作任务,提高劳动效率。

(2)劳动定员是企业编制劳动计划,合理组织企业生产活动的基础。企业的劳动计划,从根本上说是用人计划,其实质就是确定企业在各项工作中投入的人力数量。所以劳动定员是企业编制劳动计划并组织生产活动的基础。

(3)劳动定员有利于实现合理调配劳动力,加强经济核算工作,节约人力成本。劳动定员明确了企业各部门的用工限额,有利于用工成本的核算和实现与成本相关的绩效考核,降低成本。

10.2.2 劳动定员的范围和原则

1. 劳动定员的范围

劳动定员的范围包括:基本生产人员、辅助生产人员、工程技术人员、管理人员、辅助人员、服务人员等。

(1) 基本生产人员

基本生产人员是指基本生产车间直接从事本企业主要产品生产的人员。包括直接参加产品零件、部件加工生产工艺过程和从事产品装配的人员。机械厂中基本车间的车工、刨工、装配工,纺织厂中的织布工、挡车工、纺纱工、印染工等。习惯上称这类人员为一线人员。

(2) 辅助生产人员

辅助生产人员是指工业企业中为基本生产服务,从事辅助性工作的人员。这些人员不直接参加产品生产工艺过程。如动力工、搬运工、检验工、设备修理工等。习惯上称这类人员为二线人员。

(3) 服务人员

服务人员是指直接服务于员工的生活或间接服务于生产的人员。如食堂工作人员、保卫人员、卫生所人员等。习惯上称这类人员为三线人员。

(4) 管理人员

管理人员是指在组织中行使管理职能、指挥或协调他人完成具体任务的人员。包括在各职能机构和各车间从事生产管理、行政管理、经济管理等工作的人员。包括长期(六个月以上)脱离生产岗位从事管理的工人在内。

(5) 工程技术人员

工程技术人员是指负担工程技术和工程技术管理工作并具有工程技术能力的人员。

2. 劳动定员的原则

(1) 组织机构设置要科学

组织机构的设置是劳动定员的前提。组织机构设置的科学与否,要看它是否是从企业的实际出发,是否体现了科学管理的原则,要看它是否体现了分工合理、职责清晰、统一领导、相互制约等基本原则。

(2) 劳动定员水平要先进合理

劳动定员就是人员定额,人员定额也是劳动定额中的一种,定额水平的先进合理是对制定劳动定额的基本要求。"先进"是相对而言的,也就是说在与条件大体相当的企业相比较是先进的,完成同样的生产任务,用人更少,劳动生产率更高。所谓合理,就是人员安排得当,各项工作都有人去做,并且工作量合理。

(3)企业各类人员的比例要恰当

在编制劳动定员时,各类人员的相互比例关系是最容易被人诟病的。要处理好直接生产人员和非直接生产人员的比例关系;处理好基本生产工作和辅助生产工人的比例关系;处理好生产工人和管理人员、工程技术人员、服务人员的比例关系,尽量减少忙闲不均现象。

(4)要处理好"定"与"变"的关系

企业定员是一种特殊的劳动定额,一定的生产技术和组织条件下,在一定的时期内,要保持劳动定员的稳定性。但是,随着时间的推移,企业生产技术组织条件的变化,再先进的劳动定员也需要随着相关条件的变化而调整,因此,需要理解和处理劳动定员的"定"与"变"的关系。

10.3 劳动定员的编制

10.3.1 生产人员定员的编制

这里说的生产人员包括基本生产人员和辅助生产人员。因为生产人员的工作大部分可以用劳动定额进行量化考察,所以其劳动定员的编制方法基本上也是基于劳动定额。

1. 效率定员法

效率定员就是根据生产任务量、工人的劳动效率和平均出勤率等因素来计算定员人数的方法。其主要适用于对有劳动定额的工种工人定员的确定。

(1)实例

【例10-1】 桂机股份公司主要生产机床,根据2014年年初制订的计划,甲车间的年生产任务为A零件10 000件,B零件15 000件,A零件时间定额为3小时/件,B零件的时间定额为2小时/件。2013年该公司工人的出勤率为98%,作业率为80%,废品率为

1%,假设今年的出勤率、作业率、废品率与2013年相同。试求:①不考虑作业率和废品率时的定员人数;②考虑作业率和废品率时的定员人数。

解题思路:做这么多产品需要多少时间,多少个人能提供这么多时间?所以首先需要确定一个工人一年能提供的工时数。

解:

第一步,计算不考虑作业率和废品率时的定员人数。

a. 确定工人的年制度工时

①一年365天,按照每周7天计算,有52周,每周休息2天,共104天;

②国家法定假日包括:元旦、清明节、五一节、端午节、中秋节各放假1天;国庆节、春节各放假3天,共11天。

因此,每名工人的年制度工时=(365-11-104)×8=2 000(小时)。

也就是说,每名工人出满勤时每年能提供的工时为2 000(小时)。

98%的出勤率时,每名工人每年能提供的工时=2 000×98%=1 960(小时)。

b. 计算生产所有零件需要的时间数

需要的总工时数=10 000×3+15 000×2=60 000(小时)

c. 不考虑作业率和废品率的定员人数

$$定员人数 = \frac{需要的总工时数}{每名工人的年制度工时 \times 出勤率} = \frac{60\ 000}{1960} \approx 30.61(人)$$

第二步,计算考虑作业率和废品率时的定员人数。

a. 计算每名工人每年能提供的用于作业活动的时间数

每名工人每年能提供的用于作业活动的时间数=年制度工时×出勤率×作业率=2 000×98%×80%=1 568 小时

b. 计算考虑废品率时需要的总工时

考虑废品率时,为了保证生产任务得以完成,必须按照废品率多投入产品,因此,视为需要按废品率的比率增加总工时数。

考虑废品率时的总工时数=60 000×(1+1%)=60 600(小时)

c. 计算定员人数

$$定员人数 = \frac{需要的总工时数}{每名工人能提供的有效工时} = \frac{60\ 600}{1\ 568} = 38.65(人)$$

【例10-2】 某物流公司的装卸队年装卸任务总量为120 000 吨,每个工人年制度工作时间250天,出勤率95%,每人日产量定额8吨,平均完成定额率125%,求其定员人数。

解题思路:用年任务总量除以每人每年能装卸的数量即可。

解：

$$定员人数 = \frac{120\,000}{250 \times 95\% \times 8 \times 125\%} = 50.53(人)$$

(2)效率定员法的计算公式

根据上例10-1可以归纳出基于时间定额的效率定员法的公式：

$$M = \frac{\sum Q_i T_{di} R_{fi}}{TP_C} \tag{10-1}$$

式中：M——定员人数　　　　　　Q_i——计划期某产品的产量

T_{di}——计划期 i 产品的时间定额　T——每人计划期制度工作时间

P_C——计划期预计平均出勤率　　R_{fi}——计划期 i 产品的废品率

根据例10-2，可以归纳出基于产量定额的效率定员法的工时：

$$M = \frac{Q}{TP_C Q_d R_w} \tag{10-2}$$

式中：M——定员人数　　　　　　Q——计划期生产任务总量

Q_d——计划期产量定额　　　　T——每人计划期制度工作时间

P_C——计划期预计平均出勤率　　R_w——计划期平均定额完成率

(3)替休人数的计算

以上方案仅适用于一班制、两班制的情形。如果企业实行连续性三班制生产，也就是说星期六、星期天生产线不停工，那么就需要考虑替休人员。替休人数的计算按照每周上班天数和休息天数的比例即可：每周工作五天要休息两天，所以替休系数为2/5。计算替休人员定员人数的公式如下：

$$替休人员定员人数 = 基本定员人数 \times 2/5 \tag{10-3}$$

2. 设备定员法

设备定员就是根据机器设备需要开动的数量、工人的看管定额和设备的开动班次等因素来计算定员人数的方法。适用于以机器设备操作为主的工种工人的定员的确定。

(1)实例

【例10-3】 某量具厂主要生产数控游标卡尺，甲车间有线切割设备45台，每台开动的班次为2班。按照现有工艺，每个人的看管定额为3台，2014年的平均出勤率为95%，假设2015年出勤率维持不变。计算甲车间的线切割设备需要的定员人数。

解：

第一步，假设工人都上全勤，计算开一个班次的设备需要的人数。

$$开一个班次的定员人数 = \frac{设备台数}{每人看管台数} = \frac{45}{3} = 15(人)$$

第二步,考虑工人的出勤率,计算开一个班次的设备需要的人数。

$$非全勤的定员人数 = \frac{全勤定员人数}{出勤率} = \frac{15}{95\%} = 15.79(人)。$$

第三步,计算开两个班次的设备需要的人数

$$开一班次人数 \times 应开班次 = 15.79 \times 2 = 31.58(人)。$$

(2) 设备定员法的计算公式

根据例 10-3,归纳出设备定员法的公式为:

$$M = \sum \frac{S_i C_i}{A_i P_C} \tag{10-4}$$

式中:M——定员人数 C_i——计划期 i 设备的开动班次
S_i——计划期 i 设备开动台数 A_i——计划期 i 设备的看管定额
P_C——计划期预计平均出勤率

10.3.2 其他人员定员的编制

为了简便起见,将在企业中除了生产人员之外的那些人称为其他人员,包括工程技术人员、管理人员、服务人员等。

1. 管理人员定员的编制

管理人员的劳动是一种复杂的脑力劳动,具有事务性、执行性、创造性和多变性。管理工作不像生产一线人员的工作那样很容易进行量化。因此在编制定员时,不能完全照搬一线工人的定员方法,应该根据管理人员的工作特性选择适合的方法。比较常用的方法包括管理幅度定员法、时间研究法、统计分析法和工作抽样法。其中统计分析法和工作抽样法参见第四章和第六章中的相关内容。

(1) 管理幅度定员法

如果下级的人数是按算术级数增加的话,则需要由上级加以调节的相互关系的排列组合是按几何级数增加的。法国管理学家格兰丘纳斯(Graicunas)提出了管理幅度的公式:如果下级的人数为 n,那么上下级之间各种可能关系的总数为:

$$N = n(2^{n-1} + n - 1) \tag{10-5}$$

式中:N——上下级之间各种可能关系的总数 n——下级的人数,即管理幅度

当下级的人数为 4 时,代入上面的公式,$N=44$,当下级人数为 5 时,$N=100$。随着下级人数的增加,需要上级调节的相互关系总量急剧上升。因此,研究认为一个上级直接管理领导的工作有交叉关系的下级人数一般不超过 5 个,最多不能超过 6 个。由于基层班组工作交叉少,领导的工人数可以适当增加到 15~20 人。

根据格兰丘纳斯的公式,一个 1 000 人规模的公司需要的管理职务如表 10-7 所示:

表 10-7　1 000 人规模的公司管理人员设置表

职务	岗位人数										合计人数	
部长	1(1 045)										1	
科长	1(261)		1(261)		1(261)		1(261)				4	管理人员 85人
股长	1(65)		1(65)		1(65)		1(65)			……	16	
工长	1 1 1 1	1 1 1 1	1 1 1 1	1 1 1 1						……	64	
工人	15 15 15 15	15 15 15 15	15 15 15 15	15 15 15 15						……	960+85=1 045	

注：①从上表第 4 行看，每个股长管 4 个工长，每个工长管 15 人，股长的管理幅度为 15×4+4=64 人，加上本人为 65 人。其他类推。

②上表的"合计人数"中的"85 人"是该公司需要的管理人员数量。

(2)时间研究定员法

时间研究定员法的思路是将管理工作分解成一些简单的基本工作，再通过访问座谈、书面调查、现场观察法测定这些基本工作的单个循环时间，结合每一基本工作在一个月当中的平均出现次数，从而得到每一项基本工作在一个月里的总工作时数。将各项基本工作的月度工作时间相加再加以宽放即得到该岗位的月度总工作时间。公式如下：

$$T = \left(\sum t_i \times p_i \right) \times (1+k) \tag{10-6}$$

式中：T——岗位的月度总工作时间（小时）

t_i——第 i 项基本工作的单循环时间（小时）

p_i——第 i 项基本工作的月度出现次数

k——宽放率（包括作业宽放和个人需要与休息宽放）

在明确了岗位月度总工作时间之后，也就明确了岗位的劳动负荷程度，进而可以确定劳动定员。对于负荷量不足 50% 的岗位，要考虑兼岗、兼职、兼做。

2. 工程技术人员定员的编制

工程技术人员的劳动特点与管理人员比较相似，同样是一种复杂的脑力劳动，具有事务性、执行性、创造性和多变性特征。制定工程技术人员定员的常用方法包括：类推比较法、工作抽样法、分析对比法。

(1)类推比较法

类推比较法的关键是找到可供类推的典型代表，通过典型代表时间定额的确定，并通过类推得到劳动定额。在制定工程技术人员定员时的思路同样如此：在作业研究的基础上，按性质相同、内容相似的原则，对研究的工作进行分类编组。在每一组中选定典型代表并制定其工时定额。同组中的其他工作，则通过比较类推，确定修正系数。

【例 10-4】 分析制定工装设计人员的工时定额。

第一步，分类。工艺装备一般可分为卡具、模具、量具、刀具等类别。

第二步，分组。将每一类分为若干组。如模具又可分为冷冲模、锻模等组别。

第三步,选典型(通常选最简单的作为典型)。在每一组中选择典型代表,例如,对冷冲模,可以分为无导向落料模、冷冲模、弯曲模、整形模、有导向落料冲孔模等。其中最简单的为无导向落料模,选择其为典型代表。

第四步,制定典型代表的设计工作工时定额。

第五步,确定系数。对其余各种冷冲模则根据以往的经验(或统计资料)和无导向落料模的设计工作工时定额,用类比推理,确定系数计算所需工时。

第六步,确定定员。在前五步的基础上就可以根据任务量确定工装设计人员的定员。

(2)分析对比法

分析对比法的思路与类推比较法类似。它同样是将编制工艺规程的过程分成若干个基本要素,统计要素的实耗时间,以此作为基准(类似定额标准的基本型),然后根据零件的复杂程度、批量大小、技术水平变化情况等确定修正系数,进而求出新零件工艺规程设计的工作定额,再根据定额确定定员即可。

3. 服务人员定员的编制

服务人员的工作有其不同于其他人员的特点,例如,门卫、保洁员、保安员等后勤服务人员,服务量的大小及时间是不规则的。所以编制其劳动定员的方法也要相应调整。常用的方法包括:经验估算法、比例定员法等。

(1)经验估算法

经验估算法工作量小,制定速度快,使用起来及时,但有很大局限性。因为经验估算法对定额员的经验要求比较高,而经验也是该方法编制定员的主要依据。如果定额员业务与技术经验丰富,对各种因素分析透彻,综合能力强,定额就准确,否则偏差就比较大。

(2)比例定员法

比例定员法就是以服务对象的人数为基础,按定员标准规定的比例计算定员人数的方法。其本质依然是分析确定影响定员的关键因素。以食堂为例,食堂的就餐人数、开餐次数是食堂的定员人数的主要因素。而就餐人数又决定了粮食消耗量。就餐人数的计算公式为:

$$就餐人员 = \frac{上季度月平均粮食消耗量}{每人月平均消耗量定额} \tag{10-7}$$

表10-8、表10-9是分别根据食堂和幼儿园的不同特征,考虑了不同的影响因素后编制的比例表。

表 10-8 炊事员与就餐人数比例表

食堂就餐人数	炊事员与就餐人数比例	
	每天开饭三次	每天开饭四次
200 以下	1∶25～1∶30	1∶20～1∶25
200～500	1∶30～1∶35	1∶25～1∶30
500 以上	1∶35～1∶40	1∶30～1∶35

表 10-9 保育员与入托儿童比例表

儿童年龄（周岁）	保育员与入托儿童比例	
	全托	日托
<3	1∶7～1∶9	1∶8～1∶10
3～7	1∶11～1∶13	1∶14～1∶16

（资料来源：崔克衲，赵黎明. 现代劳动定额学[M]. 天津：天津科技翻译出版公司，1988）

【例 10-5】 某企业食堂月平均就餐人数为 390 人，每日早、中、晚夜四餐，试求该食堂的定员人数。

解：根据表 10-8，就餐人数在 200～500 人之间，开饭四次的炊事员与就餐人数的比例为 1∶25～1∶30。

第一步，按照插值法求其具体的比例为：1∶28.17。

第二步，计算定员人数。

$$定员人数 = \frac{就餐人数}{就餐比例} = \frac{390}{28.17} = 13.84 \approx 14（人）$$

10.4 劳动力平衡工作

案例 10-3 PE 集团的劳动力平衡

PE 集团是一家有着悠久历史的公司，前些年成立了一个新的事业部——城轨事业部。城轨事业部生产的产品与其他事业部的产品存在较大的区别。迄今为止，集团还没有发布城轨车辆的劳动定额标准。近几年国内外城轨车辆需求旺盛，城轨事业部发展非常迅速,每年都需要大量招聘新员工。但是在招聘时面临一些挑战:一是招聘规模的确定缺乏具有说服力的依据;二是在进行劳动力配置方面没有可供参考的经验,招聘员工到位后,如何实现科学配置成为一个难题;三是与其他事业部之间的平衡不好把握。

案例中企业面临的挑战,主要是劳动力平衡问题。很多企业没有将劳动力平衡问题作为劳动定额员的职责。但是,因为这个问题与劳动定员定额联系紧密,所以,将其作为本书的一部分内容。

10.4.1 劳动力平衡工作的基本概念

劳动力的平衡实际上就是劳动力供需之间的平衡。显然,劳动力平衡不仅在企业中存在,为了避免歧义,如果没有特别说明,本章中所说的劳动力平衡都是指企业劳动力平衡。

1. 劳动力平衡工作的定义

劳动力平衡工作是通过劳动负荷、劳动力需求的测算,将之与现有劳动力进行对比,进行劳动力余缺调配平衡等工作,使企业实现从总量到局部的全面平衡,用较少的劳动力完成生产任务,达到提高劳动效率和经济效益为目的一系列工作的总称。

劳动力平衡的着眼点是劳动力,直接目标是实现分工合理,人员结构精简。最终目标是通过劳动力平衡工作提高劳动效率,使企业获得最大经济效益。

2. 劳动力平衡工作的内容

劳动力平衡工作包括劳动组织设置与调整、劳动负荷与劳动力需要的测算、劳动力余缺统计、劳动力平衡与调整等。劳动力平衡工作见图10-1。

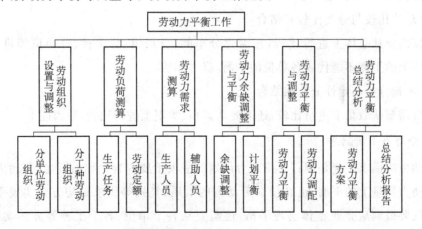

图10-1 劳动力平衡工作示意图

10.4.2 劳动力平衡工作的实施

1. 准备工作

（1）确定生产计划

劳动力平衡首先要明确劳动力的需求。劳动力的需求取决于生产经营需要，所以在进行劳动力平衡之前，首先就是需要确定企业和企业下属各单位的生产计划。

（2）计算劳动量

劳动量是用于考量企业及其下属各单位生产任务安排饱满程度的媒介。劳动量的计算一般都是使用工时定额，以便在车间、班组、工种、产品之间进行比较。

（3）劳动组织及劳动力现状调查

在根据生产计划，计算出各个车间、班组、工种的劳动量之后，就需要了解各车间、班组等单位的劳动组织和劳动力配置的现状，以便与劳动量进行对比，发现余缺，进行调整平衡。

2. 劳动力需求测算

劳动力需求测算也就是确定劳动定员，它依据生产计划确定所需要的劳动量。劳动定员的相关内容已经在第一节中分别就生产人员、管理人员、工程技术人员、服务人员等进行了介绍，此处不再详述。

3. 劳动力供求分析

劳动力供求分析就是将劳动力的需求与劳动力供应（即企业劳动力现状）进行对比。对比的结果无非三种：供大于求（即过剩）、供小于求（空缺）、供需平衡。值得注意的是，在进行比较时，需要注意：

（1）总体比较与分类比较相结合

不仅需要从总体上进行比较，还需要分车间、分班组、分工种、分岗位等进行对比。因为总体上的平衡不能代表各单位的平衡，反之亦然。

（2）定量分析与定性分析相结合

不仅需要从数量上进行比较，还需要从素质、类别上进行比较，原因同上。

4. 劳动力平衡测算

劳动力的供求平衡是制订单位人力计划的一项重要内容。如前所述，劳动力平衡不仅是劳动力数量上的平衡，也必须在劳动力的素质、类别等供求结构方面实现平衡。劳动力不仅要做到从企业整体实现平衡，还需要从各个单位、各个工种等方面实现平衡。相关测算表格见表10-10、表10-11。

表 10-10 劳动力测算平衡样表

×××车间(分厂)××年(季)劳动力测算平衡一览表

人员分类		现员	年(季)任务工时	月均负荷工时	定员方法	定员标准		测算人数	余缺(＋－)	备注
						标准负荷	测算标准			
基本工人	车工									
	铣工									
	刨工									
	焊工									
	……									
辅助工人	行车工									
	机修工									
	搬运工									
	……									
管理人员	会计员									
	劳资员									
	调度员									
	……									
技术人员	工艺员									
	技术员									
	质检员									
	……									
服务人员	花工									
	清洁工									
	炊事员									
	……									

表 10-11 劳动力平衡测算汇总表样表

××××年度(季)劳动力平衡测算汇总表

序号	单位	人员现状	生产人员				辅助工人			管理人员			人数	余缺(＋－)	备注
			车工	铣工	刨工	铆工	…	保管工	机修工	搬运工	…	劳资员	会计员	…			
1	下料	现员															
		定员															
2	机加	现员															
		定员															
3	电镀	现员															
		定员															
4	总装	现员															
		定员															

5. 劳动力平衡报告与总结

通常劳动力平衡报告应当包括下列内容：

(1) 目的；

(2) 测算依据；

(3) 测算方法与口径；

(4) 劳动力余缺调查；

(5) 劳动力余缺平衡设计；

(6) 劳动力调配计划；

(7) 劳动力平衡实施计划与措施。

10.5 思考题

1. 什么叫劳动定员？它的范围和原则是什么？
2. 劳动定员有哪些方法？
3. 试比较工作分析与工作研究的异同。
4. 什么是劳动力平衡？
5. 桂机股份公司主要生产机床。根据2014年年初制订的计划，甲车间的年生产任务为A零件10 000件，B零件15 000件；A零件的产量定额为2件/工日，B零件的产量定额为10件/工日。2013年该公司工人的出勤率为98%，作业率为80%，废品率为1%，假设2014年的出勤率、作业率、废品率与2013年相同。试求：(1)不考虑作业率和废品率时的定员人数；(2)考虑作业率和废品率时的定员人数。

参考文献

[1] 周占文.新编劳动定额定员学(第2版)[M].北京:电子工业出版社,2013.

[2] 中华全国总工会保障工作部,北京神州比杰定额标准技术研究中心.劳动定员定额工作实用手册[M].中国工人出版社,2012.

[3] 陈平,孙义敏.工业企业劳动定额[M].太原:山西人民出版社,1982.

[4] 林国材等.工业企业劳动定额[M].北京:中国林业出版社,1987.

[5] 崔克讷.工业企业劳动定额[M].北京:机械工业出版社,1997.

[6] 弗雷德里克·泰勒.科学管理原理[M].黄榛,译.北京:北京理工大学出版社,2012.

[7] 韩广利,曹文杰.机械加工工艺基础[M].天津:天津工大学出版社,2009.

[8] 安鸿章,孙义敏,李广义.中国劳动定员定额大典[M].北京:中国文史出版社,2012.

[9] 斯蒂芬·P.罗宾斯.组织行为学[M].北京:中国人民大学出版社,1997.

[10] 迈克尔·E.哈特斯利,林达·麦克詹妮特.管理沟通[M].北京:机械工业出版社,2000.

[11] 孔庆华,周娜.工作研究基础与案例[M].北京:化工出版社,2009.

[12] 张正祥.工业工程基础[M].北京:高等教育出版社,2006.

[13] 袁家海,赵长红,熊敏鹏.工作分析与劳动定额[M].北京:机械工业出版社,2011.

[14] 崔克讷,赵黎明.现代劳动定额学[M].天津:天津科技翻译出版公司,1988.

[15] 陈金英等.数控铣削编程与加工[M].北京:清华大学出版社,北京交通大学出版社,2010.

[16] 纪东伟.数控加工技术与工艺:数控车工一体化教材[M].杭州:浙江大学出版社,2013.

教师服务

感谢您选用清华大学出版社的教材！为了更好地服务教学，我们为授课教师提供本书的教学辅助资源，以及本学科重点教材信息。请您扫码获取。

▶▶ 教辅获取

本书教辅资源，授课教师扫码获取

▶▶ 样书赠送

人力资源类重点教材，教师扫码获取样书

 清华大学出版社

E-mail: tupfuwu@163.com
电话：010-83470332 / 83470142
地址：北京市海淀区双清路学研大厦 B 座 509

网址：http://www.tup.com.cn/
传真：8610-83470107
邮编：100084

立体教学

配套授权用书《大学出版社的教材》，为了更好地服务读者，我们为该课程配备了本书的教学辅助资源，以及本学科的重点资讯信息。请您扫码获取。

教辅资取

本书配套资源，可供教师教学时获取

学术前沿

入门经典课程讲解，教师科研成果取与

清华大学出版社

E-mail: tupfuwu@163.com
电话：010-83470321 / 83470142
地址：北京市海淀区双清路学研大厦B座509
邮编：100084

网址：http://www.tup.com.cn/
传真：010-83470107